ASSOCIATION NATIONALE FRANÇAISE
POUR LA
PROTECTION LÉGALE DES TRAVAILLEURS

LA
RÉGLEMENTATION DU TRAVAIL

DANS LES

USINES A MARCHE CONTINUE

PAR

F. FAGNOT

Enquêteur à l'Office du Travail

ASSOCIATION NATIONALE FRANÇAISE

POUR LA

PROTECTION LÉGALE DES TRAVAILLEURS

LA

RÉGLEMENTATION DU TRAVAIL

DANS LES

USINES A MARCHE CONTINUE

PAR

F. FAGNOT

Enquêteur à l'Office du Travail

———•———

FÉLIX ALCAN
MARCEL RIVIÈRE
ÉDITEURS

NOUVELLE SÉRIE : N° 1

PRIX : 1 FR. 50

COMITÉ DIRECTEUR DE L'ASSOCIATION

Paul CAUWÈS, doyen de la Faculté de Droit de l'Université de Paris, président honoraire de l'Association.

A. MILLERAND, député, ancien ministre, président.

Ed. BRIAT, secrétaire général de la Chambre consultative des Associations ouvrières de production, membre du Conseil supérieur du travail et de la Commission supérieure du travail dans l'industrie, vice-président.

A. LIÉBAUT, ingénieur, membre du Comité consultatif des arts et manufactures et de la Commission supérieure du travail dans l'industrie, vice-président.

Raoul JAY, professeur à la Faculté de Droit de l'Université de Paris, membre du Conseil supérieur du travail, secrétaire général.

Léon de SEILHAC, publiciste, délégué permanent du service industriel et ouvrier du *Musée social*, trésorier.

Georges ALFASSA, ingénieur civil, E. C. P.

Louis BARTHOU, député, Président du Conseil des Ministres.

Adéodat BOISSARD, professeur à la Faculté libre de Droit de Paris.

François FAGNOT, enquêteur à l'*Office du travail*.

Arthur FONTAINE, directeur du Travail au Ministère du Travail et de la Prévoyance sociale.

Arthur GROUSSIER, député.

Auguste KEUFER, délégué permanent de la Fédération française du Livre.

Abbé LEMIRE, député.

André LICHTENBERGER, directeur-adjoint du *Musée social*.

Henri LORIN, ancien élève de l'École Polytechnique.

Etienne MARTIN-SAINT-LÉON, bibliothécaire du *Musée social*.

Comte A. de MUN, député.

C. PERREAU, ancien député, professeur à la Faculté de Droit de l'Université de Paris.

Eug. PETIT, docteur en Droit, ancien chef du cabinet du ministre du Commerce.

Paul PIC, professeur à la Faculté de Droit de l'Université de Lyon.

Ivan STROHL, industriel.

Edouard VAILLANT, député.

Richard WADDINGTON, sénateur.

SIÈGE SOCIAL : 5, rue Las-Cases, PARIS, VIIe

L'Association nationale française examine et discute dans ses réunions périodiques les questions de législation du travail à l'ordre du jour. Elle publie le compte rendu de ses discussions. Ces publications sont servies aux membres de l'Association

Sont membres de l'Association les personnes et les sociétés qui considèrent la législation protectrice des travailleurs comme nécessaire et adhèrent aux statuts de l'Association.

La cotisation annuelle est fixée à 10 francs. Elle est réduite à 3 francs pour les personnes ou les sociétés qui ne demandent pas à recevoir les publications de l'Office international.

Les adhésions sont reçues par le trésorier de l'Association : M. Léon de Seilhac, délégué permanent du Musée social, 5, rue Las-Cases.

ASSOCIATION NATIONALE FRANÇAISE
POUR LA
PROTECTION LÉGALE DES TRAVAILLEURS

LA
RÉGLEMENTATION DU TRAVAIL

DANS LES

Usines à marche continue

Rapport de F. FAGNOT

Enquêteur à l'Office du Travail

Compte rendu des Discussions. — Vœux adoptés

PARIS

Félix ALCAN, ÉDITEUR | Marcel RIVIÈRE et Cie
MAISONS FÉLIX ALCAN & GUILLAUMIN réunies | LIBRAIRIE des SCIENCES POLITIQUES & SOCIALES
108, BOULEVARD SAINT-GERMAIN, 108 | 31, RUE JACOB, 31

1913

LA RÉGLEMENTATION DU TRAVAIL

DANS LES

Usines à marche continue

RAPPORT DE M. F. FAGNOT

Enquêteur à l'Office du Travail

MESDAMES, MESSIEURS,

La dure condition de l'ouvrier des usines à marche continue préoccupe depuis plusieurs années notre Association internationale, qui s'est finalement posé la question inscrite à l'ordre du jour et que l'on peut formuler comme suit : Dans quelle mesure et sur quels points convient-il de réglementer, par une convention internationale, le travail des hommes adultes occupés le jour et la nuit dans les usines à marche continue ?

Pour traiter ce problème, dont vous apercevez immédiatement l'intérêt et aussi la difficulté, nous examinerons d'abord les travaux accomplis par la Commission internationale qui s'est réunie à Londres en juin dernier, travaux qui nous feront connaître, dans ses lignes générales, l'organisation actuelle du travail dans les principales industries ayant des usines à marche continue. Nous apprécierons ensuite les résolutions adoptées par la Commission de Londres et approuvées, au mois de septembre suivant, par l'assemblée générale de Zurich. Ainsi éclairés sur la situation internationale, nous pourrons

nous placer au point de vue français et arrêter, à notre
tour, un projet de réglementation du travail dans les
quatre industries comprenant la grande majorité des
usines à marche continue. Il faut dire que, dans notre
pensée, ce projet ne peut acquérir quelque valeur qu'après
avoir été soumis à votre examen judicieux et aussi à
l'examen critique des patrons et des ouvriers directement
intéressés.

La Commission internationale de Londres

Pour montrer l'importance et l'autorité de la Commission internationale de Londres, il suffit d'indiquer sa
composition. Huit gouvernements y étaient représentés :
l'Autriche, la Hongrie, la Belgique, le Danemark, la
France (1), la Grande-Bretagne, l'Italie et les Pays-Bas.
L'Allemagne n'était pas représentée officiellement, mais
deux fonctionnaires allemands très qualifiés ont pris part
à toute la délibération. Dix sections nationales de l'Association avaient envoyé des délégués : l'Allemagne, l'Autriche, la Belgique, le Danemark, les Etats-Unis d'Amérique, la Finlande, la France (2), la Grande-Bretagne,
l'Italie et la Norvège.

D'un commun accord, la présidence a été confiée à un
grand industriel, M. Thomas Schlytter, notre distingué
collègue de la section de Norvège.

La Commission a pu baser ses résolutions sur une documentation très riche. En effet, 25 rapports émanant de
14 sections ont été déposés sur le bureau ou présentés

---

(1) Le Gouvernement français était représenté par M. Arthur
Fontaine, conseiller d'Etat, directeur au ministère du Travail,
assisté d'un conseiller technique, M. Boulin, inspecteur divisionnaire du travail à Lille.

(2) La section française était représentée par deux délégués,
MM. Henri Lorin et F. Fagnot.

par leurs auteurs eux-mêmes. Sans énumérer ces 25 rapports, je voudrais pourtant noter ceux qui ont été particulièrement remarqués.

Pour la Grande-Bretagne, les rapports de M. Hodge, député, représentant des ouvriers métallurgistes du Pays de Galles ; de M. Walls, représentant des ouvriers des hauts fourneaux ; de M. Hunter, secrétaire du syndicat des ouvriers verriers, et de M. Crosfield, un grand industriel des produits chimiques, qui n'hésite pas à demander à la loi de prescrire le régime des trois équipes de huit heures.

Pour l'Allemagne, les rapports de M. Giesberts, membre du Reichstag, de M. Wieber et de M. Hartmann traitent spécialement du travail dans les usines métallurgiques du fer et de l'acier.

Pour les Etats-Unis d'Amérique, le rapport de M. Fitch contient des renseignements très complets sur là situation des ouvriers dans les usines à marche continue et spécialement dans les aciéries.

Pour la Norvège, le rapport de M. Schlytter, le grand industriel de Christiania, montre la nécessité de l'intervention de la loi.

Pour l'Italie, le rapport de MM. Rubini, Pontiggia et Masarelli signale les inconvénients qu'aurait, pour l'Italie, l'intervention de la loi dans les industries du fer et de l'acier.

J'appelle votre attention sur le rapport d'ensemble de la Commission de Londres (1) qui doit être lu, je crois, par toute personne désirant s'éclairer sur la question. Je vous signale, enfin, le rapport qui a été soumis à l'Assemblée générale de Zurich par notre collègue. M. Bou-

---

(1) Ce rapport d'ensemble sera publié en français, en anglais et en allemand.

lin, inspecteur divisionnaire du travail à Lille, et qui contient des renseignements sommaires mais fort utiles sur l'organisation actuelle du travail en France et dans les principaux États d'Europe (1).

L'organisation actuelle du travail

En abordant ses travaux, la Commission avait à déterminer les opérations techniques et les industries sur lesquelles la discussion devait s'engager.

L'analyse des faits démontra bientôt qu'une usine peut avoir un feu continu sans qu'il résulte de ce fait technique l'obligation pour l'industriel de produire sans aucune interruption. En d'autres termes, et sauf quelques exceptions, les usines à feu continu ne sont pas, par nécessité technique, des usines à production continue.

Ainsi, dans la métallurgie, des arrêts plus ou moins longs et plus ou moins fréquents se produisent aux laminoirs, aux fours Martin, aux marteaux-pilons et dans la plupart des opérations techniques. Il n'y a guère que le haut fourneau qui exige un travail ininterrompu et ce fait est même contesté. Dans les verreries à bouteilles et à vitre avec fours à bassin, à l'heure actuelle, en France et en Angleterre notamment, la production est interrompue une fois par semaine, le dimanche, pendant une durée qui varie de 8 heures au moins à 42 heures au plus.

D'autre part, dans les usines à feu continu, tout le personnel n'appartient pas aux équipes qui travaillent le jour et la nuit et une proportion notable des ouvriers ne travaillent que pendant le jour. Autre fait plus important : dans de nombreux établissements industriels, non clas-

---

(1) *L'Organisation du travail dans les usines à feu continu*, par P. Boulin, inspecteur divisionnaire du travail. Paris, Félix Alcan et Marcel Rivière. — Prix : 0 fr. 60

sés dans les usines à feu continu, diverses opérations se poursuivent cependant sans interruption le jour et la nuit.

Pour ces motifs, aux yeux de la Commission de Londres, les projets de réglementation doivent porter, en principe, sur toutes les opérations industrielles qui se poursuivent sans interruption le jour et la nuit, pendant trente jours consécutifs au moins, y compris les opérations suspendues une fois par semaine. En d'autres termes, le problème doit embrasser toutes les usines ou fractions d'usine dont le travail est à marche continue.

Mais il résulte également des faits que la grande majorité de ces usines à marche continue se trouvent dans quatre industries : la métallurgie, la verrerie, les produits chimiques et la papeterie, et la Commission estime que nous devons concentrer notre effort sur ces quatre industries.

Ayant délimité le champ de ses travaux, la Commission s'est rendu compte de l'organisation actuelle du travail continu dans les quatre industries considérées.

D'après les usages généralement admis, dans toute opération industrielle qui se poursuit sans interruption, les ouvriers sont groupés en équipes et ces équipes, qui sont organisées par roulement de quinzaine, se succèdent l'une à l'autre chaque jour et alternent entre elles une fois par semaine. La durée quotidienne du travail de chaque équipe est ordinairement basée sur une fraction divisible des 24 heures ou sur ce chiffre lui-même (1).

Suivant les pays et suivant les industries, la durée du travail de chaque équipe est très variable ; on trouve des équipes qui, sur 24 heures, travaillent 8 heures, d'autres

---

(1) On trouve cependant, dans les verreries d'Aniche, par exemple, une organisation qui est basée sur 27 heures réparties entre trois équipes successives.

10, 11 et 12 heures, d'autres 18 et même 24 heures le jour de l'alternance. La règle la plus générale, à l'heure actuelle, est 12 heures de travail sur 24 heures, c'est-à-dire le régime des deux équipes travaillant à tour de rôle pendant le jour et pendant la nuit.

Le régime des trois équipes de chacune 8 heures sur 24 existe dans les divers pays et dans les quatre industries considérées, mais ou bien il n'est que partiel, ou bien il n'est encore qu'une exception.

Il convient d'indiquer d'une manière plus précise les divers régimes en vigueur, pour chacune des quatre industries, dans les principaux États industriels.

Métallurgie. — Dans la métallurgie, le régime des deux équipes de 12 heures est généralement pratiqué en Allemagne, en Autriche, en Belgique, en France et en Italie (1).

Aux État-Unis, le régime des deux équipes de 12 heures est aussi la règle générale, notamment dans les aciéries; toutefois, dans les laminoirs, c'est le travail à trois équipes de 8 heures qui domine.

En Grande-Bretagne l'équipe de 8 heures est plus répandue, sans être encore la règle générale. On estime que, sur 100.000 ouvriers métallurgistes attachés aux travaux continus, 75.000 environ, ou les trois quarts, sont placés sous le régime des deux équipes de 12 heures

---

(1) L'équipe de 12 heures ne correspond habituellement à 12 heures de travail effectif que pour les ouvriers chargés de la conduite des fours. Au contraire, dans les autres opérations techniques, l'équipe de 12 heures ne correspond généralement qu'à 11 heures de travail, une heure étant occupée par le repas. Ainsi la production n'est continue que pendant 22 heures sur 24. C'est le régime pratiqué en France, notamment dans les laminoirs.

et un quart, soit 25.000 ouvriers, sous le régime des trois équipes de 8 heures.

Il importe de constater un fait important, en ce qui concerne les usines métallurgiques. Dans cette grande industrie, le problème des trois équipes de 8 heures est, à l'heure actuelle, nettement posé dans deux grands Etats industriels : l'Allemagne et les Etats-Unis ; il est posé, non seulement devant les industriels, mais devant l'opinion publique et devant les Parlements.

Verreries. — Dans les verreries à bouteilles et à vitre, — nous n'avons pas à nous occuper des autres verreries qui, sauf exceptions, ne rentrent pas dans la catégorie des usines à marche continue, — le régime des trois équipes de 8 heures est plus développé que dans la métallurgie, mais il s'en faut qu'il soit généralisé.

Le régime des deux équipes de 10, 11 ou 12 heures de travail sur 24 est en vigueur en Allemagne, en Autriche, en Belgique et en Italie.

En Angleterre, les verriers font 48 et 50 heures de travail en 5 jours et demi sur les 7 jours de la semaine.

En France, le régime des trois équipes de 8 heures est la règle générale ; toutefois, dans les verreries à vitre, on rencontre fréquemment les deux équipes de 12 heures pour les ouvriers des étenderies.

Produits chimiques. — Dans les produits chimiques, le travail à deux équipes de 12 heures est la règle générale. Il y a exception pour les usines à gaz dans les grandes villes ; dans ces usines, le régime des trois équipes de 8 heures se généralise peu à peu. Il en est de même dans les usines de production d'énergie électrique et dans un certain nombre d'usines de produits chimiques dangereux.

En France, le régime des trois équipes de 8 heures

existe dans les usines électro-chimiques et électro-métallurgiques installées dans la région des Alpes.

Papeteries. — Dans la papeterie et la pâte de bois, en Finlande, le tiers des ouvriers environ (2.500 sur 7.800) travaillent à trois équipes de 8 heures. Dans tout le reste de l'Europe, c'est le régime des deux équipes de 12 heures qui prévaut.

Les systèmes d'alternance des équipes

Pour compléter ces renseignements généraux sur l'organisation du travail, il faut donner quelques indications sur les divers systèmes d'alternance des équipes, au cours ou à la fin de chaque roulement.

L'alternance entre les équipes a un double but : faire passer chaque ouvrier du travail de jour au travail de nuit ou inversement ; d'autre part, assurer à chaque ouvrier un repos d'une certaine durée entre deux périodes de travail.

La règle de l'alternance est à peu près générale dans les usines à marche continue. Elle s'applique le plus souvent une fois par semaine, assurant ainsi à chaque ouvrier d'une façon plus ou moins satisfaisante un repos hebdomadaire. Quant aux systèmes d'alternance, ils sont extrêmement variés selon les pays, selon les industries, et, dans chaque industrie, selon les divers modes d'organisation des roulements.

Essayons cependant de dégager les conséquences des deux systèmes les plus couramment appliqués. Nous savons que, d'une part, chaque équipe alterne une fois par semaine avec une autre équipe et que, d'autre part, l'équipe de 12 heures de travail sur 24 est la plus répandue. Il faut alors considérer deux cas distincts, celui où la production de l'usine n'est jamais interrompue et celui où la production est interrompue le jour de l'alternance.

Dans le premier cas, lorsque la production de l'usine n'est jamais interrompue, il faut nécessairement, le jour de l'alternance, prolonger la durée du travail d'une équipe, afin de permettre aux deux équipes d'alterner entre elles ou, selon l'expression consacrée, de « décaler le roulement ». L'une des équipes fait alors 24 heures de travail. C'est ce que l'on appelle « le doublage de l'équipe ». Ce poste de 24 heures de travail est suivi d'un repos ininterrompu de même durée.

D'autres systèmes ont pour conséquence d'imposer, le jour de l'alternance, un poste de 18 heures de travail. On parvient aussi, avec le concours d'une équipe supplémentaire, à donner aux équipes 24 heures de repos par semaine, sans dépasser le poste ordinaire de 12 heures de travail.

Dans le second cas, lorsque l'usine arrête la production le jour de l'alternance pendant 8, 12, 18 ou 24 heures, la situation est tout autre et l'on évite le très grave inconvénient qui résulte pour les ouvriers du prolongement démesuré d'un poste de 18 et 24 heures de travail. Dans ce cas, en effet, le jour de l'alternance comme les autres jours, la durée du poste ne dépasse pas 12 heures, le changement de poste se fait sans difficulté et la durée du repos hebdomadaire varie, selon la durée de l'arrêt, entre 20, 24 et 36 heures.

Pour donner une idée de la variété des systèmes d'alternance, il suffit de rappeler que, dans son rapport, M. Boulin énumère dix-huit systèmes différents qui se pratiquent actuellement en France.

Ce rapide examen des faits donne un aperçu des formes variées et compliquées que présente l'organisation du travail dans les usines à marche continue. Il fait ressortir que, dans ces usines, qui occupent cependant un rang élevé dans la hiérarchie industrielle, le travail quotidien — un travail pénible et dangereux — est d'une très longue durée. En effet, la grande majorité des ouvriers sont astreints à travailler, tantôt le jour, tantôt la nuit, pendant 12 heures sur 24 ; de plus, en échange d'un maigre repos hebdomadaire de 24 heures, ces ouvriers sont trop souvent obligés de doubler le poste le jour de l'alternance, c'est-à-dire de travailler pendant 24 heures à peine entrecoupées de quelques repos plus ou moins réguliers.

Cet examen nous montre aussi que le régime des trois équipes de 8 heures, s'il n'est encore que partiel ou même exceptionnel, a cependant prouvé sa valeur pratique et gagné l'adhésion d'industriels considérables, appartenant à des nations très différentes, qui n'hésitent pas, après avoir prêché d'exemple, à demander à la loi de prescrire son application dans toutes les usines à marche continue.

C'est donc en connaissance de cause que nous allons étudier les idées directrices du projet de réglementation adopté par la Commission de Londres et confirmé par l'assemblée générale de Zurich.

Le projet de la Commission de Londres

Au cours d'une discussion approfondie, qui a sans doute produit une impression durable sur l'esprit de tous les délégués, la Commission internationale a successivement admis, presque toujours à l'unanimité, un certain nombre de principes généraux.

Tout d'abord, elle estime qu'il n'y a pas lieu de chercher à supprimer, ni même à contrecarrer l'organisation du travail de jour et de nuit, pour les hommes adultes, dans les usines à marche continue. Il faut, à ses yeux, accepter cette organisation, quand une industrie croit devoir l'établir, et supporter pour les hommes adultes le travail alternatif de jour et de nuit.

En revanche, la Commission estime qu'il faut combattre le travail continu de 24 heures le jour de l'alternance, qu'il faut faire comprendre aux industriels que ce poste de 24 heures, insupportable pour les ouvriers, est indigne de la grande industrie moderne.

La Commission affirme qu'on doit aller plus loin et qu'il faut également combattre le régime des deux équipes et le poste de 12 heures de travail, car ce régime est trop pénible pour des ouvriers qui sont obligés, le jour et la nuit, de travailler devant des fours à très haute température, de conduire des appareils dangereux ou de fabriquer des produits nocifs et même toxiques.

Et puisque, en fait, il faut opter entre deux régimes, le régime à deux équipes de 12 heures ou celui à trois équipes de 8 heures, la Commission donne sa préférence à ce dernier, qui est pratique, qui est réalisable et qu'il faut, à son avis, généraliser par une convention internationale.

Toutefois, aux yeux de la Commission — et j'appelle votre attention sur cette restriction — le régime des trois équipes de 8 heures ne s'impose, pour les usines à marche continue, que dans les deux cas suivants : 1° si la durée quotidienne du travail dépasse habituellement 10 heures sur 24 ; 2° ou bien si les équipes doivent faire plus de six fois 10 heures de travail en sept jours.

Nous reviendrons sur ce point, qui a une réelle importance pour les industriels et pour les ouvriers intéressés.

Sur ces bases, la Commission a pensé que la convention internationale projetée ne pouvait établir immédiatement le régime des trois équipes de 8 heures que dans deux industries, la métallurgie et la verrerie, étant entendu que, pour les deux autres industries, les études préparatoires seraient activement poursuivies.

Enfin, la Commission a précisé que le régime des trois équipes devait garantir à chaque ouvrier 56 heures de travail au maximum par semaine de sept jours, soit sept postes de 8 heures chacun et, en outre, 24 heures de repos ininterrompu par semaine.

L'assemblée générale de Zurich a approuvé ces propositions, sauf sur un point. Elle a décidé avec raison, à notre avis, que les 56 heures de travail par semaine devaient être non pas un maximum, mais une moyenne, afin de faciliter l'organisation des roulements.

Je n'ai pu, pour raison de santé, assister à l'assemblée de Zurich, mais notre collègue, M. Henri Lorin, en sa qualité de rapporteur français de la quatrième Commission — celle qui a statué sur les résolutions de la Commission de Londres — pourra vous renseigner sur la discussion qui s'est produite à Zurich.

Les usines françaises

Il s'agit maintenant de déterminer quelles doivent être, en face du gros problème posé devant nous, l'attitude et l'action propre de la section française.

A cet effet, il convient de rappeler, d'après la statistique officielle, (1) quelle est l'importance des usines à marche continue dans notre pays. Elle est indiquée par les deux tableaux ci-contre.

Le tableau I (page 15) fait connaître le nombre des

---

(1) Rapports sur l'application des lois réglementant le travail pendant l'année 1911, pages XXIX et XXXVI. — Paris, Imp. nat., 1912.

TableaU I. — **Personnel des usines à feu continu**

USINES A FEU CONTINU	ÉTABLISSEMENTS	Personnel employé de jour (hommes femmes et enfants)	PERSONNEL EMPLOYÉ DE JOUR ET DE NUIT		
			ENFANTS masculins	FEMMES	HOMMES	TOTAL
Distilleries de betteraves	255	3.451	33	2	4.799	4.834
Sucres (fabriques et raffineries de).	352	25.671	404	102	25.495	25.801
Huiles (extraction des).............	475	5.098	122	12	4.525	4.659
Papeteries........................	336	22.645	810	226	10.193	11.229
Fer et fonte émaillés..............	39	7.431	88	»	533	621
Usines métallurgiques.............	221	70.811	4.208	6	55.761	59.975
Verreries	158	22.568	4.501	112	13.957	18.600
Totaux......	1.836	157.381	9.966	490	115.253	125.719

usines à feu continu et l'effectif de leur personnel (1). On
voit que 1,836 établissements emploient 283,000 ouvriers.
Sur ce nombre, 157,000 ouvriers, soit plus de la moitié,
ne travaillent que pendant le jour et 125,000 ouvriers,
qui travaillent le jour et la nuit, constituent le premier
et principal groupe dont nous avons à nous occuper. Il
comprend 9.900 enfants de moins de 18 ans, 490 femmes (2)
et 115,000 hommes adultes. La métallurgie vient en tête
avec 60,000 ouvriers occupés le jour et la nuit. Viennent
ensuite : les fabriques de sucre, 25,800 ouvriers ; les verreries, 18,600 ; les papeteries, 11,000 et les huileries (produits chimiques) avec 4,600 ouvriers.

En dehors des usines à feu continu, d'autres établissements industriels font travailler la nuit. D'après le
tableau II (page 17), ils sont au nombre de 8,593 (dont
4,000 minoteries et petits moulins) et ils emploient la
nuit 51,000 hommes adultes. Ces ouvriers travaillent la
nuit, mais tous n'appartiennent pas à des équipes travaillant alternativement le jour et la nuit et, par suite, un
certain nombre d'entre eux, nombre qu'on ne peut préciser, n'entrent pas dans le cadre de notre étude. Sous
cette réserve, le nombre total des ouvriers occupés à des
travaux continus s'élève à 175,000 environ, 125,000
dans les usines à feu continu et 51,000 dans les autres
établissements.

Avant d'abandonner les chiffres, nous tenons à mettre
en évidence le mouvement qui se produit à l'heure
actuelle, dans les usines à marche continue de toute
nature, en faveur de l'arrêt complet de l'usine une fois

---

(1) Ces usines sont classées à part dans la statistique de l'inspection du travail parce qu'elles emploient des enfants dont le
travail de nuit est réglementé par la loi de 1892.

(2) Par application de la Convention internationale de 1906
qui interdit le travail de nuit des femmes, ces 490 ouvrières ne
travaillent plus la nuit depuis le 1er janvier 1912.

TABLEAU II. — **Autres ouvriers travaillant la nuit**

GROUPES INDUSTRIELS	ÉTABLIS-SEMENTS	HOMMES ADULTES travaillant la nuit
Alimentation (minoteries et meuneries) (1)	4.000	9.694
Industries chimiques (usines à gaz)	951	12.652
Caoutchouc, papier, etc.	24	808
Industries polygraphiques (journaux)	151	3.462
Industries textiles (peignages de laine, filatures)	846	11.311
Travail des étoffes	446	500
Métallurgie	20	1.045
Travail des métaux ordinaires	122	3.114
Construction en pierre (stations électriques)	992	4.891
Travail des pierres et terres au feu (céramique)	854	3.271
Divers	187	921
TOTAUX	8.593	31.669

(1) Non compris les boulangeries, pâtisseries, charcuteries sans moteur mécanique.

par semaine et généralement le dimanche. Ce mouvement est dû, pour une part notable, à la bonne volonté des chefs de ces grands établissements qui ont spontanément voulu que leurs ouvriers puissent, au moins une fois par semaine, vivre en famille. L'application de la loi sur le repos hebdomadaire a également contribué à favoriser ce mouvement.

Le tableau III (page 19) nous montre que 1,921 établissements à marche continue arrêtent la production une fois par semaine pendant une durée qui varie entre 8 heures au moins et 36 heures au plus. Sur 1,921 usines, 279 arrêtent la production pendant 12 heures, 665, soit plus d'un tiers, arrêtent pendant 24 heures et 876, ou près de la moitié, arrêtent pendant 36 heures, soit une durée équivalente à la durée normale du repos hebdomadaire.

Dans la papeterie, l'arrêt de 12 heures au moins est adopté par 174 usines sur 336, soit un peu plus de la moitié. Dans la métallurgie, la proportion est sensiblement la même : 126 sur 221 établissements, et, pour la majorité, l'arrêt est de 24 heures. Les verreries ont fait plus de chemin : 127 sur 158, soit plus des trois quarts, arrêtent la production et la durée de l'arrêt varie entre 24 et 36 heures dans 76 usines. Enfin, dans les produits chimiques, le mouvement est moins accentué : 209 établissements sur 951, soit moins du quart, arrêtent la production pendant 12, 24 et 36 heures par semaine (1).

---

(1) Ces renseignements statistiques sur le travail de nuit dans tous les établissements industriels et sur l'arrêt d'un certain nombre d'usines à marche continue le jour du repos hebdomadaire, sont précieux pour l'étude de notre question. Nous les devons aux soins éclairés de la Commission supérieure du travail, que préside l'honorable M. Waddington, et aux efforts méritoires du service de l'inspection du travail.

TABLEAU III. — **Usines arrêtant la production une fois par semaine**

INDUSTRIES	NOMBRE TOTAL des usines	NOMBRE D'USINES arrêtant	DURÉE DE L'ARRÊT HEBDOMADAIRE (en heures)						
			8	12	plus de 12 et moins de 18	18	24	plus de 24 et moins de 36	36
Distilleries de betteraves......	255	13	»	»	»	10	2	»	1
Fer et fonte émaillée........ ..	39	22	»	»	»	»	6	»	16
Huileries....................	475	188	»	19	»	2	158	8	1
Papeteries...................	336	174	»	72	»	9	69	1	23
Sucre (fabriques et raffineries).	352	13	»	»	»	»	5	»	8
Usines métallurgiques.........	221	126	»	32	1	»	78	»	15
Verreries....	158	127	15	12	13	11	41	»	35
Industries chimiques....... ..	951	209	»	97	»	9	77	»	56
Chaux, ciments, céramique....	851	282	»	32	»	»	145	»	105
Minoteries et alimentation	4.000	70	»	4	2	12 (1)	35	17	»
Industries textiles...........	846	663	»	»	»	»	36	»	627
Divers.......................	1.942	34	»	11	»	»	13	1	19
TOTAUX....	10.429	1.921	15	279	16	53	665	27	876

(1) Y compris un établissement qui arrête pendant plus de 18 et moins de 24 heures.

Examen des vœux proposés

En nous appuyant sur les résolutions de l'Association internationale, nous désirons vous soumettre un projet de réglementation qui complète sur plusieurs points celui de la Commission de Londres. Ces modifications nous paraissent légitimes au point de vue français. D'autre part, l'ensemble de la question demeurant à l'ordre du jour de l'Association internationale, nous sommes autorisés à soumettre ces modifications à l'examen de nos collègues des autres pays. Au surplus, ce projet n'est pas intangible et nous sommes tout disposé à tenir compte des avis et des objections formulés notamment par les intéressés.

Nous proposons d'abord d'étendre la réglementation projetée aux quatre industries étudiées à Londres, aux produits chimiques et à la papeterie, comme à la métallurgie et à la verrerie. En ce qui concerne la France, nous ne trouvons pas de motifs suffisants pour écarter du projet les produits chimiques et la papeterie. Dans ces industries comme dans les deux autres, la question se présente exactement sous le même jour. Les difficultés à vaincre, dans l'ordre technique, financier ou social seront à peu près les mêmes dans les quatre industries. Les raisons invoquées en faveur du régime des trois équipes de 8 heures sont aussi fortes pour les produits chimiques et la papeterie que pour la métallurgie et la verrerie. Le régime des trois équipes est déjà en vigueur dans un certain nombre d'usines de produits chimiques et, dans cette industrie, le travail est fréquemment dangereux ou malsain. Enfin, dans la papeterie, si la surveillance des machines à fabriquer le papier constitue un travail moins pénible, en revanche, cette industrie pratique presque toujours le poste de 12 heures de travail sans aucune interruption et, d'autre part, le jour de l'alternance des équipes, ce poste est ordinairement doublé et l'ouvrier doit faire 24 heures de travail.

Notre projet maintient la restriction admise par l'assemblée de Zurich et aux termes de laquelle une réglementation spéciale n'est demandée que pour les usines ou les fractions d'usines dans lesquelles la durée quotidienne du travail de chaque équipe dépasse habituellement 10 heures sur 24, ou bien dans lesquelles les équipes sont tenues de faire plus de six fois 10 heures de travail en sept jours.

En ce qui concerne la durée du travail, le projet se borne à apporter deux précisions qui nous paraissent indispensables. Il admet la limite de 56 heures de travail en moyenne par semaine de sept jours, mais il ajoute deux limites maxima, visant l'une la durée du travail quotidien et l'autre la durée du travail d'une équipe pendant le roulement tout entier, c'est-à-dire pendant trois semaines. Un texte légal ne peut se borner à prescrire une durée moyenne, sous peine de manquer son but. Il doit, pour être complet, fixer également une limite maximum. Pour ces motifs, le projet complète la disposition comme suit : 168 heures de travail au maximum par période quelconque de 21 jours consécutifs, et 12 heures au plus de travail sur 24 heures.

La limite maximum de 168 heures prévient les abus tout en permettant de faire jouer aisément la moyenne de 56 heures. Elle donne aux roulements une très grande souplesse, puisqu'elle va jusqu'à autoriser 72 heures de travail pendant une semaine sur trois.

La seconde limite, fixant à 12 heures sur 24 la durée maximum du travail quotiden, est également nécessaire. On est unanime à vouloir faire disparaître, le jour de l'alternance des équipes notamment, les postes de 18 et de 24 heures. Il n'y a qu'une manière d'y parvenir sûrement, c'est de stipuler dans la loi que la durée du travail des équipes ne peut, en aucun cas, dépasser 12 heures sur 24. Judicieuse en elle-même, cette limite complète la précédente et s'adapte parfaitement au régime des trois équipes, en ce sens qu'elle permet, le jour de l'alternance, de prolonger de quatre heures la durée ordinaire du travail quotidien.

Une autre disposition du projet complète la résolution de Zurich. Elle tend à garantir, à chacun des ouvriers des équipes, huit heures de repos ininterrompu entre deux postes successifs de travail. A la vérité, cette disposition n'est utile que pour prévenir la supercherie. Tout roulement comporte un repos de huit heures et plus entre deux postes de travail. Pourtant, voici l'utilité du texte proposé.

Il suffirait, par exemple, de prendre deux hommes dans l'équipe A qui vient de terminer son travail et de les faire passer dans l'équipe B, qui succède à l'équipe A, pour que ces deux hommes n'aient aucun repos. Or, le fait se produit quelquefois. Dans l'équipe B qui va commencer le travail, il manque deux ouvriers et il n'y a pas d'hommes de relais. Que fait le contremaître ? Il retient deux hommes de l'équipe A qui vient de finir et il complète sur-le-champ l'équipe B ; ces deux ouvriers sont donc obligés de doubler le poste.

Autre abus possible. Supposons que, d'après le roulement établi dans l'usine, l'équipe A travaille de quatre heures du soir à minuit, l'équipe B de minuit à 8 heures du matin, et l'équipe C de 8 heures du matin à 4 heures du soir. Le roulement est ainsi à cheval sur deux journées, au sens civil et légal. A défaut du texte proposé, on pourrait donc, sans violer la loi, faire occuper les postes A et B par une seule équipe et imposer aux ouvriers de cette équipe 16 heures de travail presque ininterrompu.

La dernière disposition est relative au repos hebdomadaire dont la durée a été fixée, par la Commission de Londres, à 24 heures au moins. Nous proposons de dire que ce repos doit porter sur tout ou partie du dimanche une fois au moins dans chaque période de 21 jours quelconques. Par là, nous voudrions obtenir, pour l'ouvrier des usines à marche continue, la vie normale du dimanche une fois au moins toutes les trois semaines.

Cette disposition peut être gênante lorsque, dans une usine qui n'interrompt jamais la production, le changement de poste ne coïncide pas avec le samedi soir ou le dimanche. On pourrait facilement, il est vrai, modifier le roulement. Cependant, si des objections sont présentées sur ce point, l'assemblée jugera s'il y a lieu de maintenir la disposition proposée.

Comme vous le voyez, ce projet prend pour bases les résolutions de Londres et Zurich et les complète sur un certain nombre de points. Il comporte — vous l'avez déjà remarqué — des concessions de la part des deux parties, des ouvriers comme des patrons.

Il demande aux ouvriers de tenir compte des exigences du travail continu; il ne leur accorde ni la journée de 8 heures — le poste de 8 heures sur 24 ne veut pas dire la journée de 8 heures — ni la semaine de 48 heures. Il autorise même la journée de 12 heures pendant une fraction du roulement. Inversement, il ne permet d'imposer à l'ouvrier ni plus de 56 heures de travail en moyenne tous les sept jours, ni plus de 168 heures de travail au maximum par période de trois semaines.

Une personnalité du monde ouvrier, M. Merrheim, secrétaire de la Fédération des ouvriers de la métallurgie, a apprécié, dans la *Vie ouvrière* (1), les résolutions de la Commission de Londres. Il fait plusieurs reproches, notamment celui de n'avoir pas donné aux ouvriers la journée de 8 heures. Si l'Association n'a pu donner satisfaction à ce vœu légitime, c'est qu'elle a dû s'incliner devant les exigences de l'usine à marche continue. Elle a dû proposer une réglementation légale que les industriels puissent appliquer, même dans le cas où la production de l'usine n'est jamais interrompue. Pour remplir cette condition essentielle, il fallait autoriser 56 heures de travail en moyenne par semaine de sept jours, c'est-à-dire sept postes de 8 heures chacun.

Si le projet ne donne pas satisfaction complète aux ouvriers, on ne saurait contester qu'il comporte des avantages notables. Il suffit de rappeler que l'ouvrier des usines à feu continu fait couramment, à l'heure actuelle, 72 heures de travail par semaine, quelquefois même 84 heures, pour montrer que la durée de 56 heures constitue une amélioration réelle.

D'autre part, dans notre pensée, le salaire des ouvriers intéressés ne peut pas être diminué lors de la mise en vigueur de la convention projetée. Le projet présente ainsi, au regard du salaire, un intérêt évident. Mais il faut éviter toute méprise. La convention ne visera pas les salaires et, par suite, ne donnera aux ouvriers aucun moyen légal de conserver, pour le poste de 8 heures, le salaire obtenu pour un poste de 12 heures. Néanmoins, les industriels savent très bien qu'il ne peut pas être question, la convention étant appliquée, de réduire le salaire ; ils savent que les ouvriers, avec raison, n'y consentiraient jamais. D'ailleurs, partout où le poste de

---

(1) La *Vie ouvrière*, revue syndicaliste bimensuelle, n° du 5 nov. 1912, p. 178.

8 heures a été établi les salaires ont été maintenus. Il y a mieux. En Angleterre, dans les usines du pays de Galles et pour les travaux qui sont payés aux pièces, le régime des trois équipes a eu pour résultat, non pas de diminuer le salaire, mais, au contraire, d'augmenter la production de chaque ouvrier et, par suite, son salaire.

Le projet, nous devons le reconnaître, causera aux patrons des difficultés réelles et leur imposera des sacrifices importants.

Il ne s'appliquera, il est vrai, que dans les cas où la durée du travail de chaque équipe dépasse habituellement 10 heures sur 24. Cette disposition, qui a été proposée à Londres par M. A. Fontaine, représentant du Gouvernement français, a une importance qui ne saurait échapper aux industriels intéressés. Elle atténue singulièrement les difficultés et les charges du projet, puisque le régime à deux équipes de 10 heures n'est pas compris dans la réglementation projetée. Or ce régime permettrait d'obtenir, avec deux équipes seulement, une production continue de 20 heures sur 24 qui, dans un grand nombre de cas, correspond, à 2 heures près, à la durée actuelle de la production continue, notamment dans une partie importante de la métallurgie : forges, laminoirs, marteaux-pilons, etc.

Le régime à deux équipes de 10 heures, qui sera sûrement pratiqué dans certains travaux, lorsque la convention sera mise en vigueur, augmentera cependant le prix de revient de deux manières, en diminuant la durée de la production continue et en augmentant les frais généraux de l'usine. D'autre part, le régime à trois équipes de 8 heures s'appliquera nécessairement à toute l'usine lorsqu'il faudra atteindre le maximum de production ; il s'appliquera même, en tout temps, aux nombreux ouvriers chargés du service des hauts fourneaux, de l'entretien des feux aux gazogènes, aux fours à réchauffer la matière, aux fours d'acier, etc. Dans les produits chimiques et dans la papeterie, le régime à trois équipes deviendra également la règle générale.

Une grave objection se présente naturellement à votre esprit. Le projet, qui est séduisant, n'entraînera-t-il pas une augmentation considérable, presque démesurée, du prix de revient et du prix de vente des produits des quatre industries soumises à la réglementation? Une certaine augmentation se produira, en effet, surtout pendant les premières années, mais il est permis de penser qu'elle sera beaucoup moins forte qu'on pourrait le redouter. Il ne faut pas oublier que, dans ces grandes industries, la part de l'ouvrier dans le prix de revient ne cesse de décroître. Grâce au génie des inventeurs et à la science des ingénieurs, les progrès de la technique, qui sont vraiment admirables, font presque toujours accroître la puissance de production des appareils tout en réduisent, en supprimant parfois, le rôle de la main-d'œuvre et le travail de l'ouvrier.

« Si les principes n'ont pas changé, déclare un ingénieur éminent, M. Th. Laurent, directeur général de la Société des forges et aciéries de la marine et d'Homécourt(1), les appareils ont augmenté de dimensions d'une période à l'autre au delà de ce que pouvait entrevoir à toute époque antérieure le maître de forges doué de l'imagination la plus vive. Les moyens se sont tellement développés qu'une usine d'aujourd'hui ressemble à une usine d'il y a seulement soixante ans à peu près comme

____

(1) *Le développement économique de la France*, p. 75 et 80. Bibliothèque du Musée social, Paris, Arthur Rousseau, éditeur. — Publication d'une conférence faite au Musée social, le 13 février 1912.

un cuirassé de 25,000 tonnes ressemble à une galère romaine.

. . . .

« Une usine moderne, produisant 1,200 tonnes de fonte par jour n'emploie pas plus de 200 ouvriers pour cette production, y compris les ouvriers nécessaires à l'entretien de tous les appareils. C'est moins que le dixième du personnel qui eût été nécessaire il y a un siècle. »

Si nous sommes rassurés sur cette question essentielle du prix de revient et du prix de vente des produits, il n'en reste pas moins que le projet de réglementation augmentera dans une certaine mesure les charges financières, modifiera beaucoup l'organisation actuelle du travail et soulèvera, en outre, une difficulté sérieuse en ce qui concerne le recrutement du personnel. Pour organiser le régime des trois équipes, l'industriel devra recruter de nouveaux ouvriers dans une proportion qui peut, non pas dans tous les cas, mais dans certains cas déterminés, s'élever jusqu'à un tiers en plus du personnel actuel. C'est une difficulté d'autant plus grande que, dans ces industries où le travail est pénible et dangereux, la main-d'œuvre est rare, au moins dans certaines régions.

Malgré ces inconvénients, nous croyons fermement qu'après un temps d'hésitation, de résistance même, nos savants ingénieurs et nos grands industriels, qui ne sont pas insensibles à la voix de l'humanité, accepteront le régime des trois équipes et appliqueront de bonne grâce la convention internationale projetée. Ils voudront ainsi donner à leurs collaborateurs ouvriers un nouveau gage de sollicitude et améliorer d'une façon notable leur dure condition.

Nous trouvons d'ailleurs un précieux secours dans

l'opinion émise sur cette question par les plus puissants industriels du monde, la Fédération des actionnaires des industries de l'acier aux Etats-Unis d'Amérique, dont nous sommes heureux de reproduire la pensée (1) :

Nous sommes d'avis qu'une journée de 12 heures qui doit être fournie pendant une longue série d'années par l'un quelconque des groupes d'ouvriers a pour conséquence de diminuer leur pouvoir de travail, leur force et leur vigueur virile.

. . . .

La question doit être envisagée tant au point de vue social qu'au point de vue physique. Si l'on songe qu'une journée de travail de 12 heures signifie pour un ouvrier de fabrique qu'il doit s'absenter 13 heures durant de sa demeure et de sa famille — non pas un jour seulement, mais tous les jours de travail — on accordera volontiers qu'il ne lui reste que très peu de temps pour son éducation personnelle, la vie en famille, pour se reposer et pour ses loisirs. Il importe donc que chaque industrie soit examinée aussi au point de vue de l'influence qu'elle exerce sur la vie privée de ceux qu'elle occupe, afin de savoir si elle contribue à affaiblir ou à consolider le cours normal et permanent de la vie de famille. Par une conservation bien entendue de la puissance de travail des populations ouvrières actuelles, nous créons aussi les meilleures garanties pour l'existence future de citoyens sains, intelligents et capables de travail.

Nous ne sommes pas convaincus qu'il soit possible à un seul entrepreneur ou même à un certain nombre d'entrepreneurs de prendre l'initiative de l'application d'un système permettant d'introduire des journées de travail moins longues, si la même attitude n'est pas observée par tous les

____

(1) Extraits du rapport présenté par le Conseil de la Fédération des actionnaires des industries de l'acier aux Etats-Unis (Report of Committee of Stockholders of the United States Steel Corporation, 15 avril 1912.) — Ces extraits ont été pris dans le rapport général de la Commission internationale de Londres.

entrepreneurs appartenant à la même industrie. C'est pourquoi nous nous permettons de recommander à l'examen intelligent et approfondi des fonctionnaires proprement dits de la Fédération des aciéries s'il n'y a pas lieu de prendre des mesures dont le but serait une distribution intelligente et équitable de la durée du travail de tous ceux qui sont intéressés au problème de la réduction des longues journées de travail.

Telle est, Messieurs, l'opinion des rois de l'acier. Elle est éminemment propre à ébranler les industriels de l'Europe, les nôtres en particulier. Elle nous autorise à penser que le projet est à la fois raisonnable et juste et que, tôt ou tard, le régime des trois équipes de 8 heures sera prescrit, par une convention internationale, dans les principales industries ayant des usines à marche continue.

C'est donc avec confiance que nous soumettons à votre examen les vœux suivants :

VŒUX

PROPOSÉS PAR M. F. FAGNOT, RAPPORTEUR

L'Association française pour la protection légale des travailleurs,

A. — Approuve les résolutions prises par la Commission internationale de Londres et par l'assemblée générale de Zurich en ce qui concerne la réglementation, par une convention internationale, du travail des hommes adultes occupés par équipes de jour et de nuit dans les usines à marche continue,

B. — Est d'avis que la réglementation projetée peut comprendre dès maintenant les quatre industries suivantes : la métallurgie, la verrerie, les produits chimiques et la papeterie,

C. — Estime qu'il s'agit d'une réglementation spéciale qui ne doit être appliquée, dans ces quatre industries, qu'aux seuls établissements ou fractions d'établissements :

a) dans lesquels la durée quotidienne du travail de chaque équipe dépasse habituellement 10 heures sur 24 ;

b) ou dans lesquels les équipes sont tenues de faire plus de six fois 10 heures de travail en sept jours,

D. — Émet le vœu que cette réglementation spéciale assure à chaque ouvrier des équipes le régime suivant :

1° 56 heures en moyenne de travail (présence obligée à l'usine) par semaine de sept jours ;

2° 168 heures au maximum de travail par période quelconque de 21 jours consécutifs ;

3° 12 heures au maximum de travail sur 24 heures, notamment le jour de l'alternance des équipes ;

4° 8 heures au moins de repos ininterrompu entre deux postes successifs de travail ;

5° 24 heures au moins de repos hebdomadaire, ce repos devant porter sur tout ou partie du dimanche, une fois au moins dans toute période quelconque de 21 jours consécutifs ;

DISCUSSION

Assemblée générale du 13 février 1913

Présidence de M. MILLERAND

M. Fagnot. — La discussion générale qu'il convient d'engager doit naturellement porter tout d'abord sur le principe de l'intervention de la loi. Doit-on réglementer, par une convention internationale, le travail des hommes adultes occupés par équipes de jour et de nuit dans les usines à marche continue? Si l'assemblée se prononce pour l'intervention de la loi, approuvant ainsi la résolution adoptée à Zurich par l'Association internationale, il lui faudra déterminer les industries qu'il y a lieu de soumettre à la réglementation. A cet égard, le texte proposé énumère la métallurgie, la verrerie, les produits chimiques et la papeterie, c'est-à-dire les quatre industries qui comprennent la très grande majorité des usines à marche continue. On peut se demander si les stations électriques ne devraient pas également figurer dans cette énumération.

A la suite des travaux accomplis par la Commission internationale qui s'est réunie à Londres, en juin dernier, l'assemblée générale de Zurich s'est prononcée pour l'intervention de la loi, sous la forme d'une convention internationale, de manière à placer, à cet égard, les industries visées sous un régime d'équilibre et d'égalité, au moins en Europe. La question étant nettement posée aux Etats-Unis, par les intéressés eux-mêmes, nous avons la certitude que les conditions de la concurrence ne seraient pas faussées au profit de ce pays et au détriment de l'Europe, même dans le cas où le gouvernement américain, pour des raisons constitutionnelles, ne pourrait pas immédiatement signer la convention projetée.

Et maintenant, quel est l'objet précis de notre effort ? Il s'agit de remplacer, dans les usines à marche continue, le régime actuel du travail à deux équipes faisant chacune 12 heures sur 24 par le régime plus humain du travail à trois équipes de 8 heures.

Le projet ne vise pas à contrecarrer la marche ininterrompue d'une usine quelconque. Il a été délibérément admis, spécialement à la Commission de Londres, que chaque industriel doit être seul juge de faire, dans tout ou partie de son établissement, du travail continu, soit pour des raisons techniques, soit même pour tout autre motif. En d'autres termes, le projet ne tend à combattre, pour les hommes adultes, ni le travail de nuit, ni le travail alternatif de jour et de nuit.

Quand la marche continue est nécessaire au point de vue technique, la question ne se pose pas ; mais même lorsque l'utilité de la marche continue est contestable au point de vue technique, l'Association estime que l'industriel doit demeurer libre de la pratiquer. C'est pourquoi l'expression « marche continue » a été adoptée, au lieu de celle de « feu continu » qui implique une raison technique.

L'Association propose le système des trois équipes de huit heures, mais le texte de la convention ne doit stipuler, à notre avis, ni la journée de huit heures, ni même le système des trois équipes. La convention, pour atteindre le maximum de souplesse, doit se borner à fixer la durée hebdomadaire du travail. Or, le texte proposé dit : « Cinquante-six heures de travail *en moyenne par semaine* ». Il s'agit donc de réglementer la durée hebdomadaire du travail et non pas la durée quotidienne.

Tout le monde comprend, sans que j'y insiste, la grande différence qu'il y a entre une réglementation hebdomadaire et une réglementation quotidienne, surtout dans les usines à marche continue. La réglementation hebdomadaire permet d'organiser les roulements d'équipes sous les formes les plus variées. Afin d'accroître encore les facilités ainsi données aux industriels, il a été admis à Zurich que la durée hebdomadaire de cinquante-six heures de travail ne devait être qu'une moyenne. Toutefois, à notre avis, cette moyenne appelle nécessairement une limite maximum et, sur ce point important, nous proposons le complément suivant : cent soixante-huit heures de travail au maximum par période de vingt et un jours, soit trois semaines. En d'autres termes, l'industriel pourrait se mouvoir très aisément pendant toute la durée du roulement des trois équipes et il ne rencontrerait une barrière infranchissable qu'à la fin de chaque période de vingt et un jours.

Le projet, qui comporte ainsi une grande souplesse, exige cependant des industriels un très réel effort. Il modifie assez profondément l'organisation actuelle du travail alternatif de jour et de nuit; il entraîne d'assez lourdes charges financières, enfin il soulève une difficulté sérieuse quant au recrutement de nouveaux ouvriers. Cette dernière difficulté existe, nous en avons eu la preuve à Londres et, pour les industriels français, moins favorisés que d'autres à ce point de vue, elle nous paraît être la plus importante. Malgré sa souplesse, le projet exigera donc des industriels, non seulement de la bonne volonté, mais aussi un effort assez grand. Et je n'hésite pas à dire que, si le projet devait être adopté à très bref délai, dans un an, par exemple, je ne pourrais, pour ma part, lui donner mon adhésion.

Une transformation aussi profonde ne peut se faire qu'après une assez longue période d'attente et de préparation. Mais, à cet égard, nous avons toutes garanties. D'abord, nous ne sommes que dans la période des travaux préparatoires et une décision ferme de l'Association internationale ne peut être prise qu'à l'assemblée générale qui aura lieu à Berne en 1914. Si, comme nous l'espérons bien, les gouvernements acceptent ensuite de discuter la question, les négociations diplomatiques occuperont deux années environ puis, la convention étant signée, les Parlements auront à la ratifier. Il s'écoulera donc plusieurs années avant la mise en vigueur obligatoire du nouveau régime de travail.

La Convention interdisant le travail de nuit des femmes dans l'industrie a été signée le 26 septembre 1906 par quatorze gouvernements de l'Europe, et elle n'est en vigueur que depuis le 1er janvier 1912. Il s'est donc écoulé plus de cinq années entre la signature de la Convention et l'obligation pour les industriels de s'y conformer. Nous avons ainsi la preuve que les industriels intéressés auront très largement le temps de préparer l'organisation du travail sur les bases de la Convention projetée.

Si l'on se place maintenant au point de vue des ouvriers intéressés, il nous semble que la réforme est très justifiée. Les industriels seront d'accord avec nous, j'en suis certain, pour reconnaître que le poste de vingt-quatre heures consécutives, le « doublage de l'équipe », doit disparaître. Il n'est d'ailleurs, à l'heure actuelle, qu'une exception. Bien que les industriels redoutent plutôt les lois ouvrières, il n'hésiteront pas à admettre l'intervention de la loi pour faire disparaître un abus aussi regrettable. Le poste de dix-huit heures, d'un usage plus répandu, leur paraîtra également inacceptable.

Quant au poste de douze heures, qui est d'un usage permanent et presque général dans les industries à marche continue, sauf dans la verrerie, nous proposons également sa suppression, mais ici il convient d'ouvrir la discussion et d'entendre les objections. Ramener la durée normale du poste de travail à huit heures et, par suite, introduire le travail à trois équipes, au lieu de deux, c'est opérer une véritable transformation dans le régime actuel du travail. Un tel projet mérite une discussion approfondie au cours de laquelle nous devons être animés d'une grande bonne volonté réciproque, tout disposés à nous faire des concessions mutuelles.

Une telle transformation ne doit se faire, ni au détriment de la production, ni même au détriment d'un seul établissement intéressé. La mesure doit être assez souple et son application suffisamment lente pour qu'il n'en résulte aucun dommage, ni pour l'industrie, ni pour la richesse générale.

A cet égard, je me permets d'appeler votre intention sur un point important du projet. Le régime des trois équipes de huit heures est considéré comme un régime spécial qui ne doit s'appliquer que lorsque la durée normale du travail est dépassée. Or, que faut-il entendre par durée normale du travail, à l'heure présente ? C'est la journée de dix heures.

L'ouvrier d'usine à marche continue doit supporter une partie des inconvénients de cette usine. Par suite, nous n'hésitons pas à dire que, non seulement il peut faire dix heures de travail le jour, mais qu'il peut également faire dix heures la nuit et qu'il peut être soumis au travail alternatif de jour et de nuit. En conséquence, toute usine ou fraction d'usine — il y a, selon les diverses opérations techniques, plusieurs modes de travail dans un même établissement, — toute usine ou fraction d'usine dans laquelle les deux équipes d'ouvriers ne travaillent chacune que pendant dix heures, — soit une production continue de vingt heures sur vingt-quatre, — ne sera pas visée par la Convention projetée. En d'autres termes, l'ouvrier des équipes alternantes qui ne fait pas plus de dix heures sur vingt-quatre n'est pas protégé par la Convention. Celle-ci se borne à stipuler une durée moyenne de cinquante-six heures de travail par semaine pour les ouvriers qui sont tenus de faire, d'une manière habituelle, plus de dix heures de travail le jour ou la nuit.

Tous les industriels intéressés aperçoivent immédiatement l'importance de cette disposition transactionnelle.

D'ailleurs, dans les usines à marche continue, la production n'est pas ordinairement de vingt-quatre heures sur vingt-quatre ou, plus exactement, il faut distinguer entre la production et le service des fours, l'entretien des feux.

Au service des fours, il serait bien difficile d'appliquer le système des postes de dix heures, soit vingt heures de travail sur vingt-quatre. Il faudrait que, pendant quatre heures, l'entretien des feux fût assuré par d'autres ouvriers, des hommes de cour, par exemple. C'est un système trop compliqué et nous devons reconnaître que, dans chaque usine, pour l'entretien des feux et, d'une manière générale, pour le service des fours, la Convention entraînera inévitablement le régime des trois équipes de huit heures.

En ce qui concerne la production proprement dite, les deux postes de dix heures suffiraient, au contraire, dans un certain nombre de cas, notamment dans la métallurgie. A l'inverse des fours, la production n'exige pas toujours un travail ininterrompu. En fait, à l'heure actuelle, il y a des arrêts de production régulièrement organisés.

L'arrêt de la production, une fois par semaine, pour assurer le repos hebdomadaire, prend une extension de plus en plus grande. Cet excellent usage, qui est presque général en Angleterre, se répand beaucoup en France. Il atteste, d'ailleurs, la bonne volonté qu'apportent les industriels pour adoucir les exigences du travail continu.

J'entends bien votre objection. L'arrêt hebdomadaire de la production d'une usine n'a pas du tout les mêmes conséquences qu'un arrêt quotidien. Je suis tout à fait de cet avis. Mais vous savez aussi qu'à l'heure actuelle la production est interrompue chaque jour, à deux reprises et pendant une heure chaque fois, — le temps pour les ouvriers de l'équipe de prendre leur repas — dans une partie importante des usines métallurgiques : aux laminoirs, aux forges et marteaux-pilons, même aux fours d'acier pour une partie des ouvriers. Pour ces ouvriers, la durée du travail est de onze heures et, par suite, la production continue des appareils est de vingt-deux heures sur vingt-quatre. Il serait donc possible, avec une légère augmentation des frais, de ramener la production à vingt heures sur vingt-quatre, au moyen de deux équipes de dix heures.

J'ajoute immédiatement que ce régime ne peut être que partiel. Dans la métallurgie, il n'est pas applicable aux ouvriers des hauts fourneaux. Il n'est pas applicable à la papeterie et il ne convient pas non plus à la verrerie.

Toute l'argumentation se ramène à ceci : le poste de dix heures permet d'échapper au régime prévu par le projet ; ce poste assure une production de vingt heures sur vingt-quatre ; à l'heure actuelle, dans un certain nombre de cas, la production est de vingt-deux heures sur vingt-quatre ; il paraît possible de la ramener à vingt heures sur vingt-quatre et ainsi de maintenir le régime actuel des deux équipes pour une partie du travail, lorsque les commandes ne sont pas trop pressées.

Quelles sont les conséquences de l'adoption du régime ramenant la production à vingt heures sur vingt-quatre ? C'est d'abord une augmentation des frais généraux puisque, pendant quatre heures, selon l'expression consacrée, les fours seront à feux couverts. En revanche, cette organisation ne change rien au système actuel des deux équipes et, par suite, elle atténue sensiblement la réelle difficulté relative au recrutement de nouveaux ouvriers. Pour ma part, je crois fort que ce régime de travail sera très souvent pratiqué quand notre projet aura obtenu force de loi.

Un dernier mot. Il est incontestable que, dans certaines régions industrielles, le recrutement des ouvriers est assez difficile. Cette difficulté n'est d'ailleurs pas particulière à la France ; elle se produit dans presque tous les pays. Il est évident que les ouvriers manifestent une certaine répugnance à entrer dans les industries à marche continue. Or, je me demande si le projet que nous vous soumettons, en supprimant le poste de douze heures et en le remplaçant par un poste de huit heures ou par un poste de dix heures, n'est pas de nature à faire disparaître une partie des préventions de la classe ouvrière contre le dur travail de l'usine à feu continu ?

M. LE PRÉSIDENT. — Avant d'ouvrir la discussion sur le rapport de M. Fagnot, je dois une communication à la réunion.

Les métallurgistes se sont assez vivement émus des projets de vœux qui ont été arrêtés à Zurich, et ils devaient être représentés à la réunion. J'aurais désiré que les craintes dont j'avais reçu l'expression eussent ici, en dehors de nos membres habituels qui vont prendre la parole, des avocats et des interprètes, dont l'opinion eût certainement beaucoup intéressé l'assemblée. On a préféré se borner à une lettre, dont je crois devoir vous donner connaissance et qui m'est adressée au nom du Comité des Forges, par mon ancien collègue l'honorable M. Guillain. Voici le texte de cette lettre :

COMITÉ DES FORGES
DE FRANCE

Le 10 février 1913.

Monsieur Millerand, Président de l'Association Nationale Française pour la protection légale des travailleurs.

MONSIEUR LE PRÉSIDENT,

Nous apprenons que votre Association se propose de discuter, dans une prochaine séance, les résolutions votées à Zurich, au mois de septembre dernier, par l'Assemblée générale des délégués de l'Association Internationale pour la protection légale des travailleurs, au sujet de la réglementation du travail dans les usines à feu continu.

En dehors des questions extrêmement graves et complexes que soulèvent ces résolutions, au point de vue économique et technique, nous croyons devoir attirer votre attention sur les conséquences très spéciales qu'aurait leur adoption pour l'industrie française, étant donné que, par suite de l'insuffisance de la natalité, la main-d'œuvre se trouve déjà insuffisante dans notre pays et que les établissements métallurgiques en particulier doivent à grand'peine recruter une forte proportion d'ouvriers étrangers.

La réduction à huit heures de la durée des postes — même si elle était acceptée par les autres pays — nous placerait en état d'infériorité, car elle entraînerait en

*France, faute de main-d'œuvre, une réduction proportion-
nelle de la production.*

*Vous êtes, nous le savons, de ceux qui estiment que les
réformes sociales ne peuvent être utilement poursuivies que
si elles sont par avance garanties par le développement de
l'industrie. Nous espérons donc que vous voudrez bien
mettre en garde les membres de votre Association — dont
certains sont peut-être trop portés à considérer uniquement
les questions au point de vue philanthropique — contre le
danger de discussions et de vœux qui ne tiendraient pas
compte de la situation particulière de la France, par suite
du manque de main-d'œuvre.*

*Veuillez agréer, Monsieur le Président, l'assurance de
ma considération très distinguée.*

Le Président du Comité des Forges,

F. GUILLAIN.

M. ARQUEMBOURG. — Messieurs, j'ai peu de choses à
ajouter à la lettre qui vient de vous être lue. Elle pose la
question dans ses grandes lignes. Si j'interviens, c'est
uniquement pour appuyer ce qui a été dit, avec une
autorité beaucoup plus grande, par M. Guillain et pour
apporter peut-être quelques compléments d'information
qui peuvent avoir pour conséquence d'appeler votre
attention d'une façon toute spéciale sur les points qui
sont signalés dans cette lettre.

Je voudrais d'abord renouveler une observation que
j'ai formulée au cours de bien des discussions : je veux
parler de la difficulté qu'il y a de légiférer dans des matières aussi spéciales et de savoir quelles sont les conséquences de cette législation au point de vue même de
ceux dont on se propose d'améliorer les conditions de
travail.

Etes-vous sûrs que cette réforme — bien qu'elle ait été appuyée par un certain nombre de délégués dont je ne discute pas le bon vouloir et les excellentes intentions — êtes-vous sûrs que cette réforme réponde bien à des besoins réels des ouvriers et qu'elle soit destinée à apporter une amélioration très notable à leur situation actuelle?

Il est très difficile parfois de prévoir quels sont les désirs des ouvriers au point de vue réglementation.

M. Fagnot a, dans son rapport, assez vivement critiqué le changement de postes, l'alternance des équipes qui, telle qu'elle se pratique actuellement, oblige les ouvriers à un travail de 24 heures. Si nous nous plaçons à un point de vue sentimental et philanthropique, nous serons tous d'accord pour dire que ce travail de 24 heures nous paraît exagéré, hors de proportion avec ce que l'on peut demander aux forces humaines.

Dans certains cas, on a réduit ce travail à 18 heures; c'est le minimum auquel on peut descendre dans une usine qui ne veut pas arrêter sa marche, il semble que ce soit là une amélioration notable qui aurait dû être appliquée partout.

Me plaçant, pour l'examen de la question qui nous est soumise, au seul point de vue utilitaire, j'ajoute que l'équipe de 18 heures était favorable aux intérêts mêmes des industriels. En effet, si on demande à l'ouvrier un travail qui dépasse ses forces, il est évident que ce travail sera moins parfait. L'industriel a donc intérêt à réduire la durée du travail et à adopter pour les changements de postes, des équipes de 18 heures au lieu, de 24. Y a-t-il à cela une difficulté technique? Non, il n'y en a aucune, l'organisation peut se faire aussi bien avec l'équipe de 18 heures qu'avec celle de 24. D'ailleurs, le système de l'équipe de 18 heures est appliqué dans un grand nombre d'usines.

Le régime de 24 heures est maintenu exceptionnellement, nous dit M. Fagnot. Exceptionnellement est peut-être un peu trop fort, car le nombre des usines appliquant ce régime est encore très grand. Mais ce qu'il est nécessaire de bien faire ressortir, c'est que, dans les régions où l'équipe de 24 heures est maintenue, elle l'est parce que les ouvriers tiennent à ce mode de travail. On a essayé, dans certaines usines, de substituer l'équipe de 18 heures à celle de 24 heures, et l'on a rencontré de la résistance de la part des ouvriers.

Vous parlez d'arriver à l'équipe de 8 heures. Ceci est réalisé dans l'industrie de la verrerie. Ce régime vous paraît la répartition idéale du travail : l'ouvrier ne travaille que 8 heures, il a un repos de 16 heures, il commence son travail à des heures qui sont toujours régulières, qui peuvent ne pas être trop gênantes pour l'existence générale, pour la vie de famille. Or, dans certaines verreries, sur la demande des ouvriers, on a adopté une organisation différente qui est l'équipe de 9 heures et qui oblige les ouvriers à un travail qui nous paraît bizarre au premier abord, qui les force à changer tous les jours leurs heures de travail. Ce mode de travail nous paraîtrait défavorable et c'est cependant sur la demande des ouvriers eux-mêmes que ce mode de travail a été adopté.

M. FAGNOT. — Je reconnais que ce régime a été adopté sur la demande des ouvriers, mais cela ne s'est produit qu'à Aniche.

M. WAGRET. — Le fait s'est également produit aussi à Fresnes et à Escaupont.

M. FAGNOT. — Je l'ignorais.

M. Arquembourg. — Je voulais, par ces observations préalables, vous montrer la difficulté qu'il y a de donner satisfaction aux intéressés ; je passe maintenant à une autre question. On parle souvent du travail des forges comme d'un travail extrêmement dangereux et pénible. M. Fagnot lui-même, quoiqu'il soit très au courant des conditions industrielles, car il s'est documenté sur ce point, son rapport en est la preuve, M. Fagnot lui-même tient ce langage. Je tiens à vous faire remarquer que si les travaux dans les forges ont été pénibles, les conditions du travail y ont été considérablement améliorées. Ici encore, me plaçant en dehors de la question de sentiment, je dirai que l'intérêt de l'industriel est précisément de diminuer la fatigue occasionnée par le travail et que, pour tirer le meilleur parti de l'ouvrier, le patron ne doit pas le surmener. L'industriel a intérêt à ménager les forces de l'ouvrier et à s'adresser davantage à son intelligence. La tendance générale de l'industrie s'accorde donc avec l'intérêt de l'ouvrier et tend à remplacer les travaux de force par des travaux de surveillance qui n'exigent pas la même fatigue ni la même dépense d'énergie physique.

Ces améliorations ont d'ailleurs un autre but : celui d'augmenter la capacité de production des usines, en même temps que de mieux organiser le travail.

S'il y a une réforme qui me paraît désirable et qui pourrait peut-être être réalisée dans un temps peu éloigné, c'est l'arrêt des usines à feu continu pour donner à l'ouvrier le repos hebdomadaire. Cela existe dans un certain nombre d'usines et c'est un système qu'il serait bon de généraliser ; il ne présente pas les mêmes difficultés que celles que présenterait l'organisation du travail par les équipes de huit heures. La principale difficulté qu'il y aurait, c'est que la production serait diminuée dans une certaine mesure et que pour la maintenir cela entrainerait à des augmentations dans le matériel de l'usine et par suite à une augmentation dans les frais généraux. Mais, dans une période de prospérité, on peut faire quelques sacrifices et, réalisant des bénéfices, on peut augmenter dans une certaine mesure les frais généraux et faire bénéficier les ouvriers, qui sont les collaborateurs directs de l'industriel, de cette prospérité.

Je pense donc que cette réforme pourrait être faite dans un temps rapproché, puisque certains industriels sont déjà entrés dans cette voie. Il n'en est pas de même de la réforme qui nous est proposée par M. Fagnot et qui ne pourrait que compromettre la première.

M. Fagnot a essayé de nous rassurer en nous disant : « Ce sera une réforme à très longue échéance. Voyez ce qui s'est fait pour le travail des femmes ; on a accordé un délai assez long, on en accordera un plus long encore si cela est nécessaire. On arrivera à réaliser la réforme sans de trop grandes difficultés ». Les difficultés ne sont pas les mêmes dans les deux cas entre lesquels M. Fagnot a établi la comparaison. Pour le travail des femmes, la difficulté se traduit par une question de prix de revient et une question de matériel. L'augmentation du matériel a permis d'occuper le jour des ouvrières qui étaient occupées la nuit. Mais, s'il s'agissait de passer de l'équipe de douze heures à l'équipe de huit heures, ce ne serait plus du tout la même chose. Ce n'est plus un personnel qui devient inoccupé et qu'on emploie à d'autres moments dans d'autres parties de l'usine, c'est un personnel nouveau qu'il faut introduire dans l'usine, c'est un personnel nouveau qu'il faut recruter et c'est précisément là où se trouve la très grosse difficulté. M. Guillain l'a signalée dans sa lettre et je crois que nous sommes tous d'accord à ce point de vue.

Les conséquences de cette difficulté que M. Fagnot lui-même a reconnue sont telles que j'estime qu'aujourd'hui la question ne se présente pas à nous en état de pouvoir être discutée d'une façon complète et sérieuse. Nous pourrons la discuter au point de vue sentimental, mais sans nous rendre compte de la répercussion de cette réforme et sans savoir si cette répercussion ne viendra pas frapper ceux-là mêmes que nous entendons protéger.

Il y a là une étude extrêmement importante, extrêmement difficile à faire et qui ne peut pas être menée à bien si des compétences très variées ne viennent apporter une documentation très complète. Cette documentation devra ensuite faire l'objet d'enquêtes minutieuses, tout cela représente un travail très long et qui devra être fait soit par l'administration, soit par des commissions spéciales. A l'heure actuelle cette documentation nous fait défaut et c'est pour cela qu'aujourd'hui je n'entrerai pas dans le détail de la discussion du rapport de M. Fagnot. En agissant ainsi ce n'est pas que je considère ce rapport comme ne méritant pas une discussion, M. Fagnot ne peut pas se tromper à ce point de vue, il sait dans quelle estime je tiens ses travaux. Mais je crois même qu'en tenant ce langage je suis au fond d'accord avec M. Fagnot qui, en terminant l'exposé qu'il nous a fait à la dernière séances nous disait qu'il y avait là des question, très complexes et qu'il faisait appel aux connaissances de tous les gens pratiques, de tous les industriels pour compléter une documentation qu'il reconnaissait lui-même comme n'étant pas suffisante. C'est à ce seul point de vue que j'ai voulu simplement vous exposer quelques considérations générales, sans entrer dans l'examen détaillé des différents systèmes que propose M. Fagnot.

La difficulté que l'on éprouve du fait de la main-d'œuvre est considérable dans notre pays, je vais vous en donner quelques exemples.

Je vous parlerai plus spécialement de la métallurgie puisque c'est l'industrie qui occupe le plus grand nombre d'ouvriers parmi les industries visées. L'industrie métallurgique s'est développée d'une façon très marquée ; j'ai là quelques chiffres qui sont extraits de statistiques. La production en fonte de la France était en 1909 de 3 millions 500,000 tonnes ; elle passe en 1910 à 4 millions de tonnes et en 1911 à 4,500,000 tonnes. Vous voyez quelle augmentation considérable s'est produite en deux ans. Eh bien, si nous considérons cette production de fonte et si nous la rapportons à la population française, si nous ne considérons que la fonte qui est transformée dans notre pays et qui, par conséquent, vient apporter au pays des éléments de richesse et à la classe ouvrière des éléments de salaires, nous constatons que la transformation de la fonte utilisée en France est, par rapport au chiffre d'habitants, de beaucoup inférieure à ce qu'elle est en Allemagne et en Belgique, par exemple. La consommation de la France en fonte, par habitant, ne correspond qu'à 110 kilos de transformation, tandis qu'en Allemagne elle correspond à 219 et en Belgique à 350.

Qu'est-ce que cela veut dire ? Cela veut dire qu'il y a, à côté des hauts fourneaux qui produisent la fonte, des industries accessoires qui la transforment en machines, en produits de toutes sortes de plus grande valeur, qui sont en partie exportés, c'est vrai, mais qui font rentrer dans le pays même une masse d'argent qui est plus considérable que si on avait exporté le produit à l'état brut. Il faut donc faciliter cette transformation. Si vous gênez l'industrie métallurgique dans son développement, si, alors qu'elle a déjà quelque difficulté à trouver la main-d'œuvre nécessaire, vous compliquez encore ce recrutement, cette industrie viendra à son tour gêner le recrutement dans les industries accessoires et, tout se tenant, la main-d'œuvre manquant partout, nous n'arriverons pas à augmenter notre chiffre de production, nous ne pourrons pas tenir tête aux pays qui nous font concurrence.

Le développement de l'industrie métallurgique, qui est très considérable, je viens de vous le montrer, depuis quelques années, ne va pas sans un accroissement considérable du nombre des ouvriers qui sont nécessaires pour l'exploitation des établissements métallurgiques et des industries accessoires, bien que les procédés se soient transformés et aient permis d'économiser, comparativement aux anciennes usines, un nombre important d'ouvriers. C'est ce qui fait même que, tout à l'heure, je vous disais que, le travail mécanique se substituant au travail manuel, la besogne de l'ouvrier est devenue beaucoup moins pénible. Je vous citerai, par exemple, le travail extrêmement pénible du puddlage et du marteau pilon qui ont presque disparu aujourd'hui ; ces travaux n'existent presque plus dans la région du Nord qui est très importante au point de vue métallurgique.

Le développement de l'industrie métallurgique a entraîné le développement de l'industrie minière. En 1905, 175,000 ouvriers étaient occupés à l'extraction de la houille ; en 1910, il y en avait 197,000. La houille est, en quelque sorte, le pain de la métallurgie, et l'on comprend très bien que le développement de l'une de ces industries ait eu une influence sur l'extraction de l'autre, d'autant plus qu'en outre de la houille la métallurgie a également besoin de minerai produit par les mines.

L'extraction du minerai de fer, qui occupait 11,000 ouvriers en 1905, en occupe 19,000 en 1910.

Enfin les industries métallurgiques diverses, désignées

sous le nom de sidérurgie dans les statistiques, ont passé de 78,000 ouvriers à 99,000.

Vous vous rendez compte que du même coup les difficultés du recrutement ont été, elles aussi, en s'accroissant. Prenons une région déterminée, qui s'est développée considérablement dans ces dernières années, la région de Meurthe-et-Moselle; dans cette région, nous avions en 1900, sur une population de 450,000 habitants, 37,000 étrangers en chiffre rond; en 1906 — remarquez que le développement du bassin de Briey date à peu près de 1901, et il n'a pris une extension réelle qu'en 1906-1907 — en 1906, il y avait 44,000 étrangers dans ce département, dont 12,900 Italiens. Nous n'avons pas encore les résultats de la statistique générale du dénombrement de 1911, mais nous avons pu nous procurer les renseignements concernant l'arrondissement de Briey. Eh bien, dans cet arrondissement, alors qu'en 1906 nous avions pour le département tout entier 44,000 étrangers, il y a actuellement 58,800 étrangers.

Vous voyez quel appel considérable il a fallu faire à la main-d'œuvre étrangère.

Vous avez dit tout à l'heure qu'on se trouvait en présence des mêmes difficultés dans d'autres pays. C'est très juste, et c'est précisément ce qui nous fait craindre pour l'avenir. Jusqu'à présent, en effet, on pouvait trouver dans les pays qui nous entourent le complément dont nous avions besoin pour le développement considérable de notre industrie, mais aujourd'hui ces pays étrangers sentent le danger et opposent des obstacles de plus en plus grands au recrutement de la main-d'œuvre. Vous avez vu la proportion considérable d'Italiens qui sont venus faire fructifier notre magnifique bassin de Briey. Eh bien, le gouvernement italien s'est préoccupé de cette émigration; il a établi des lois, des réglementations et aujourd'hui l'émigration trouve devant elle une barrière qui n'est pas absolument infranchissable, mais qui tend à l'être de plus en plus.

Si, en présence de ces difficultés que je vous signale, nous plaçons l'industrie française dans l'obligation d'être stationnaire, que dis-je, de reculer et de se trouver devant un recrutement pour ainsi dire impossible, vous apercevez les conséquences très graves d'une législation qui aboutirait à ce résultat. Vous voyez quelle répercussion elle peut avoir sur le pays tout entier dont la prospérité est faite des prospérités individuelles régionales ; cette répercussion se fera sentir sur le sort même des ouvriers qui verront les usines métallurgiques obligées de se restreindre, réalisant des bénéfices moindres et ne pouvant plus améliorer le sort des travailleurs ; elle se fera sentir peut-être sur les salaires et certainement sur les conditions d'existence de toute la nation, sur les charges qui sont partagées par les ouvriers comme par nous-mêmes.

Je voulais appeler votre attention sur ces considérations d'ordre général, pour vous montrer combien la question était complexe, combien nous devions nous méfier de la traiter à un point de vue sentimental.

Si je ne m'occupais que du point de vue sentimental, si je suivais les apôtres de l'amélioration du sort de l'ouvrier, je serais très porté à partager leur manière de voir. Mais je pense qu'à côté du sentiment, il y a le côté pratique ; il faut que nous défendions notre industrie, il faut que nous défendions la richesse de notre pays, car, en faisant cela, nous défendons avant tout l'ouvrier.

M. Henri Lorin. — Je voudrais demander un renseignement à M. Arquembourg. Est-ce que les difficultés que le gouvernement met à l'émigration des travailleurs qui vont à Briey tiennent aux conditions économiques générales ou bien à des conditions morales et particulières à la région de Briey? Il faut savoir si le gouvernement italien s'oppose à l'émigration par suite des conditions que les ouvriers trouvaient dans la région de Briey, ou bien s'il obéissait à des conditions économiques, voulant les conserver chez lui.

M. ARQUEMBOURG. — Qu'appelez-vous conditions morales ?

M. LORIN. — Je dirais plutôt des conditions immorales. J'ai lu dans un journal — je ne sais pas s'il était parfaitement renseigné — un article dans lequel on disait que le gouvernement italien se plaignait des conditions peu morales à différents points de vue dans lesquelles le travail se faisait dans la région de Briey. Je demande si c'est à cause de cela, si c'est à la suite de rapports faits par les consuls italiens, que le gouvernement a décidé de s'opposer au recrutement des Italiens que l'on embauchait pour travailler dans la région de Briey.

M. ARQUEMBOURG. — La question que M. Lorin me pose ne va pas à l'adresse à laquelle elle devrait être destinée ; je ne peux pas lui dire quelle est l'idée directrice qui a guidé le gouvernement italien. C'est à ce gouvernement qu'il faudrait le demander. D'ailleurs, je doute qu'il réponde d'une façon absolument précise. On a très souvent intérêt à mettre en avant un prétexte qui n'est pas le motif réel, surtout quand il s'agit de réglementations qui ont une répercussion internationale et qui peuvent soulever des difficultés d'ordre diplomatique.

On a parlé de conditions de travail plus ou moins immorales. Je vous dirai que je pense, moi qui connais ces régions, qui les ai parcourues et les parcours encore assez fréquemment, qu'il n'y a pas dans ces régions des conditions d'existence qui soient bien différentes des conditions générales de la classe ouvrière.

M. LORIN. — J'ai entendu dire le contraire.

M. ARQUEMBOURG. — Je ne dis pas qu'il n'y a pas dans ces régions nouvelles des éléments mauvais, peut-être en plus grand nombre que dans les autres régions industrielles où l'industrie est ancienne : cela se peut, car il y a là un afflux considérable d'ouvriers. Chaque fois que ce phénomène se produit, vous voyez se mêler aux bons éléments, qui sont en très grande majorité quelques éléments mauvais qui cherchent à se dissimuler.

Il y a évidemment quelques critiques à faire, mais, étant donné que notre gouvernement se préoccupe très activement d'assurer la sécurité générale dans le pays en même temps que des conditions d'existence convenables et surtout la moralité, je ne crois pas que les ouvriers italiens soient réellement exposés dans le milieu de Bricy et, si l'on a pris ce prétexte, il me semble que c'est plutôt pour ne pas donner la véritable raison.

M. LORIN. — Je n'ai pas dit que le gouvernement italien avait mis ce prétexte en avant ; j'ai dit que cela avait été écrit par des publicistes dans des journaux.

M. ARQUEMBOURG. — En tout cas, c'est un point très difficile à élucider, mais qui mériterait de l'être.

M. Raoul JAY. — Je voudrais, moi aussi, demander quelques explications à M. Arquembourg.

Deux observations ont été faites qui diminueraient, au moins dans une certaine mesure, la valeur de l'objection formulée par M. Arquembourg et précisée dans la lettre du Comité des forges.

Tout d'abord, est-il vrai que, dans l'industrie métallurgique notamment, le progrès technique entraîne d'ordinaire la réduction du nombre des ouvriers nécessaires pour une même production, est-il vrai que la production peut augmenter beaucoup sans que le nombre des ouvriers augmente dans la même proportion ?

C'est là une affirmation que j'ai plus d'une fois recueillie.

D'autre part, pourquoi la métallurgie — je prends la métallurgie puisqu'on a surtout parlé d'elle — la même question se poserait pour les autres industries que nous visons en ce moment — pourquoi la métallurgie ne trouve-t-elle pas facilement les ouvriers supplémentaires qu'elle aurait le désir d'embaucher ? Pourquoi ? Est-ce uniquement à cause de la baisse de la natalité française ? Cette baisse est-elle assez ancienne pour avoir déjà produit sur le nombre des ouvriers adultes disponibles un effet aussi considérable ?

Je ne puis pas oublier que, s'il se pose d'une façon moins aiguë peut-être que dans certains autres pays, le problème du chômage n'est pas cependant inconnu en France. Je regrette de ne pas voir ici les organisateurs de la section française de l'Association internationale pour la lutte contre le chômage. Ils en pourraient, je pense, témoigner.

On a le droit de se demander si ce n'est pas dans les conditions particulièrement pénibles du travail dans la métallurgie qu'il faut chercher une des causes des difficultés qu'y rencontre le recrutement de la main-d'œuvre. Ne trouverait-on pas plus facilement des ouvriers lorsque ces conditions auraient été améliorées ? Pourquoi emploie-t-on, en France, des étrangers ? Ce n'est pas toujours parce qu'il n'y a pas de Français; c'est souvent parce que les Français sont plus difficiles, parce qu'ils ne veulent pas accepter certaines conditions de travail. Ces mêmes Français accepteraient d'entrer dans les industries dont nous parlons, le jour où le travail y serait moins pénible.

On parlait de sentimentalité. Je ne suis pas de ceux qui considèrent que la sentimentalité n'a rien à faire dans de pareilles questions. Ce qu'on appelle ici sentimentalité, ce n'est pas je ne sais quel apitoiement irraisonné; c'est le sentiment qu'il y a des masses qui souffrent, au secours desquelles nous pouvons et devons venir. Cette sentimentalité-là, elle est nécessaire, elle est, elle sera la raison d'être, l'inspiration de tous les progrès qui ont pu et pourront être réalisés dans les conditions du travail.

Il faut bien voir dans quelle situation nous nous trouvons. Il y a dans ce pays, au Parlement, et aussi — je me plais à le reconnaître — chez beaucoup d'industriels, une tendance fort heureuse, à mon sens, à réduire la durée de l'effort humain, à faire plus large à l'ouvrier sa part de liberté, sa part de vie de famille, sa part de vie sociale. Cette tendance se manifeste notamment par la généralisation de la journée de 10 heures. Or, il est des industries qui restent en dehors du mouvement universel. Là, ce n'est même pas seulement la journée de 12 heures, avec l'aggravation du travail de nuit, c'est parfois la journée de 18, de 24 heures. Et quelques-unes de ces industries sont particulièrement dangereuses.

Prenez les chiffres de 1910, la métallurgie est en tête pour le nombre des accidents déclarés, 303 p. 1,000 ouvriers. Elle tient le second rang pour les accidents mortels, après les travaux de terrassement et de construction en pierre ; elle tient encore le premier rang pour les accidents entraînant incapacité permanente.

Je le répète, il est permis de se demander si, le jour où ces conditions seraient améliorées, vous auriez encore à vous plaindre de l'absence de main-d'œuvre, si, ce jour-là, vous ne verriez pas venir à vous ceux qui à l'heure actuelle s'écartent de vos établissements.

Je ne crois pas, en tout cas, que vous vouliez, en face d'une pareille situation, vous contenter de dire : « Nous ne pouvons pas ». Les propositions que notre rapporteur vous apporte sont celles de l'Association internationale, qui groupe les représentants d'un grand nombre de nations et de gouvernements, quelques-unes de ces nations ont déjà fait d'importantes expériences du régime des trois équipes. Ce régime a été défendu par de grands industriels.

Les industriels français peuvent certes, critiquer les propositions auxquelles s'est arrêtée l'Association internationale. Nous les y avons spécialement conviés. Mais nous espérons qu'ils voudront aussi nous aider à améliorer dans toute la mesure du possible une situation vraiment anormale et fâcheuse.

M. LE GOUEZ. — Je voudrais répondre à l'objection qui consiste à dire que ce qui éloigne les ouvriers de la métallurgie, c'est la dureté et les dangers du métier. A cet égard, je connais un exemple tout à fait frappant dans la région de Maubeuge.

Il y a là, les uns à côté des autres, des établissements métallurgiques à feu continu où le travail est pénible et d'autres établissements qui sont des manufactures. Nous constatons tous les jours que les ouvriers employés dans les manufactures abandonnent ces établissements pour aller dans les ateliers à feu continu. Pourquoi ? La raison est bien simple, c'est qu'il n'y a pas besoin d'être du métier pour travailler dans un atelier à feu continu. parce que la grande majorité des ouvriers de ces ateliers sont des manœuvres. Les ouvriers préfèrent ce genre de travail plutôt que se spécialiser dans une industrie parce qu'ils considèrent que le jour où cette industrie périclitera ils seront sur le pavé, tandis que s'ils sont habitués aux ateliers à feu continu, ils sont à peu près sûrs de trouver toujours du travail. C'est un raisonnement regrettable, mais c'est celui que tient la grande majorité ouvrière de la région du Nord.

Dans un établissement, nous avons une fonderie d'un côté, et de l'autre un atelier de mécanique. Dans l'atelier de mécanique, la journée n'est que de dix heures, et les ouvriers peuvent se faire de très beaux gains ; de plus, on fait tous les sacrifices imaginables pour préparer l'apprentissage. Nous recrutons des ouvriers tant que nous voulons pour la fonderie, tandis que nous en manquons pour l'atelier. Je ne crois donc pas que l'argument présenté ait la portée qu'on a voulu lui donner.

M. Bernard DE FRANQUEVILLE, — Si je me reporte au vœu n° 3 du paragraphe D, je vois qu'il est dit : « Douze heures au maximum de travail sur vingt-quatre heures, notamment le jour de l'alternance des équipes ». Je comprends parfaitement qu'avec le système des trois équipes de huit heures chacune, le jour de l'alternance l'équipe qui vient de terminer ses huit heures fasse de nouveau huit heures, c'est-à-dire un total de seize heures, mais ce que je ne conçois pas c'est qu'on puisse, avec un système de douze heures, ménager l'alternance des équipes sans la compliquer énormément. Je demande à M. Fagnot des explications sur ce point.

M. Fagnot. — Nous raisonnons sur des multiples de trois, alors que, dans votre pensée, vous raisonnez sur des multiples de deux. Nous avons admis douze heures au maximum, notamment le jour de l'alternance, pour rendre le système plus souple et permettre à chaque industriel de l'adapter aisément aux besoins de son établissement.

M. Bernard de Franqueville. — Parfaitement, je comprends.

M. Chauvin. — Je voudrais dire quelques mots au sujet de la papeterie. Nous avons des ouvriers qui travaillent par fractions de douze heures ; nous avons des hommes de cour qui ne font que dix ou onze heures. Dès que les ouvriers entrent chez nous, ils n'ont qu'un désir, c'est d'arriver à avoir du travail de nuit. Les hommes travaillent de midi à minuit et de minuit à midi. Ce qu'ils veulent avoir c'est de temps en temps quelques heures de libres pour s'occuper de leur jardin et de leur famille. Avec le système que vous demandez, il faudrait avoir trois hommes autour de nos machines, alors que nous n'en avons que deux.

M. Aftalion. — Si les ouvriers préfèrent le travail de nuit, n'est-ce pas parce que le salaire est plus élevé ?

M. Chauvin. — Il est plus élevé parce qu'il y a une heure de plus.

M. X... — Le travail de la papeterie n'est pas comparable à celui des laminoirs.

M. Fagnot. — Nous visons la papeterie comme la verrerie et la métallurgie, mais je ne me méprends pas sur la différence qui existe entre ces industries et la papeterie. Dans celle-ci, le travail est assurément moins pénible.

Mais je voudrais me permettre de poser une question à M. Chauvin, qui représente l'industrie de la papeterie. Etant donné que l'on accorderait aux industriels le temps nécessaire pour s'organiser, ne pensez-vous pas qu'il serait possible, pour la papeterie, d'adopter le régime des trois équipes ?

M. CHAUVIN. — Théoriquement oui, ce serait possible, mais pratiquement la grosse difficulté réside dans la main-d'œuvre. Il faudra un homme de plus sur trois, c'est énorme. De plus, cela offre un autre inconvénient au point de vue de la fabrication provenant du changement de mains toutes les huit heures au lieu de toutes les douze heures. La conduite de la machine est très délicate, à tel point que nous reconnaissons les conducteurs qui s'en servent.

M. ARQUEMBOURG. — Puisque nous venons ici dans le désir de nous instruire, je m'en voudrais de ne pas répondre à deux questions qui ont été soulevées ici. M. Jay disait : « Etes-vous bien certain que les améliorations de l'industrie correspondent à une amélioration du sort des ouvriers et que, dans la métallurgie la main-d'œuvre entre de moins en moins en jeu dans la production industrielle ? »

Pour répondre à cette observation de M. Jay, je lui citerai la conférence, ou plutôt un extrait d'une conférence faite par M. Laurent, directeur général d'une grande usine métallurgique et à laquelle M. Fagnot s'est reporté dans son rapport. M. Laurent disait qu'une usine produisant 1,200 tonnes d'acier occupait actuellement un personnel de 200 ouvriers et que la même usine il y a 25 ans aurait occupé dix fois plus d'ouvriers. Mettons qu'il y ait un peu d'exagération sur ce chiffre de dix fois plus, ce qui est excusable, car, lorsqu'on fait une conférence, il faut un peu frapper l'imagination de ses auditeurs. En tout cas, il est certain que l'exagération n'est pas telle qu'elle vienne infirmer la déclaration de M. Laurent.

M. Le Gouez vous a démontré qu'il n'y avait pas de répugnance de la part des ouvriers à se diriger vers les industries à feu continu. Je vais vous en donner une explication. Le travail n'est pas aussi pénible que vous le pensez. Je vous citerai à ce point de vue un document dont je ne ferai que résumer les résultats parce qu'il a un caractère un peu confidentiel, mais je puis tout de même, à titre d'indication, vous en donner les résultats généraux...

J'ai pris, dans une usine métallurgique, les temps de repos, bien entendu seulement ceux qui peuvent être considérés comme un véritable repos. Il y a donc, en dehors de ce que je vais vous indiquer, des repos de quelques minutes qui ne sont pas comptés.

J'ai trouvé que, sur une journée de douze heures, pour des ouvriers travaillant aux hauts fourneaux, certaines catégories — je ne précise pas lesquelles, d'ailleurs cela peut s'appliquer à peu près à toutes — bénéficient de repos qui atteignent quatre heures, c'est-à-dire le tiers de la journée de travail. Cette journée de huit heures est encore coupée de repos, non plus de quelques minutes, mais de véritables interruptions de travail qui varient entre une demi-heure et cinquante minutes.

M. JAY. — Est-ce que vous pourriez nous donner quelques précisions sur ces repos? On ne sort pas de l'usine?

M. ARQUEMBOURG. — Non.

M. JAY. — Et l'ouvrier peut être appelé d'un instant à l'autre à reprendre son travail?

M. Arquembourg. — Non, pas d'un instant à l'autre, parce que ce sont des temps d'arrêt qui sont nécessaires pour la préparation du travail.

M. Jay. — Vous avez parlé d'interruptions de travail de cinquante minutes, pourquoi l'ouvrier ne peut-il pas quitter l'usine pendant ce temps?

M. Arquembourg. — Je ne vois pas très bien comment fonctionnerait une usine dans laquelle on permettrait aux trois mille ouvriers qu'elle emploie d'aller successivement se promener pendant une demi-heure ou une heure. Ce serait une allée et venue perpétuelle ; il n'existerait plus de discipline, plus d'organisation du travail. C'est une impossibilité pratique d'organiser le travail et de le surveiller qui a conduit les industriels à ne pas autoriser les ouvriers à quitter l'usine pendant les interruptions de travail. On prend généralement ses dispositions pour que les repos prolongés coïncident avec l'heure des repas de l'ouvrier, à quelques minutes près.

Pour l'aciérie, c'est encore plus frappant. Il n'y a pas, dans cette industrie, de travail qui ait une durée supérieure à quarante minutes et, entre chaque durée de travail, il y a des intervalles qui varient de 15 à 25 minutes. Les interruptions dans les laminoirs sont de 45 à 50 minutes.

Ceci vous montre que le travail n'est pas aussi pénible qu'on se l'imagine au premier abord. Regardez ce qui se passe dans les autres industries ; prenez, par exemple, un tisserand, un fileur : il reste devant son métier depuis le matin jusqu'au soir, il n'a pas un instant de repos. Il est dans des conditions de travail moins bonnes que l'ouvrier métallurgiste qui a, lui, des repos assez prolongés et beaucoup de petites interruptions dans le cours du travail.

Il résulte également du document que j'ai sous les yeux que l'amélioration de l'outillage a pour conséquence l'amélioration du travail de l'ouvrier. On se préoccupe actuellement de construire des hauts fourneaux qui donnent une production de plus en plus élevée. Il ne faudrait pas s'imaginer que, de ce fait, le travail des ouvriers est devenu plus pénible. Je constate que le temps de repos qui était, avec les anciens hauts fourneaux, de quatre heures — et l'ouvrier des hauts fourneaux est le moins favorisé au point de vue qui nous occupe — est, avec les modèles nouveaux, porté à 4 h. 40.

Vous voyez donc qu'à une amélioration de l'outillage correspond une amélioration des conditions de travail de l'ouvrier. C'est là un résultat qu'il m'a paru intéressant de vous faire remarquer.

M. LE PRÉSIDENT. — La parole est à M. Abel Lheur pour la lecture d'une note.

M. Abel LHEUR, *lisant* : « Il convient d'abord de remarquer que M. Fagnot étend aux produits chimiques et à la papeterie le système des équipes de huit heures que l'assemblée de Zurich n'adoptait en principe que pour la métallurgie et la verrerie. Elle considérait cette mesure comme pratiquement réalisable ou suffisamment étudiée pour ces deux industries (2e et 3e résolutions). Ces résolutions de l'assemblée de Zurich étaient en somme les conclusions du rapport du distingué inspecteur divisionnaire du travail de Lille, M. Bou... , qui, avec beaucoup de raison, n'osait pas aller aussi loin que M. Fagnot.

« M. Fagnot est, en effet, d'avis que la réglementation projetée peut comprendre dès maintenant les quatre industries suivantes : la métallurgie, la verrerie, les produits chimiques et la papeterie (vœux proposés, B).

Or, comme il le dit lui-même à la page 7 de son rapport du 5 décembre 1912, la grande majorité des usines à marche continue se trouve dans ces quatre industries.

« Autant vaut dire qu'on doit étendre à l'industrie de marche continue la mesure que l'assemblée de Zurich désirait d'abord voir appliquer aux deux premières industries considérées par elle comme mieux préparées à son application.

« Cette prudence n'avait rien d'excessif et l'on doit en France se rappeler la remarque amère du professeur Haller dans l'introduction de son rapport sur les industries chimiques et pharmaceutiques à l'exposition de 1900 (1).

« Énumérant les causes générales retardatrices de l'essor de l'industrie française, l'éminent savant citait :

« Nos charges excessives, constamment en progression,
« le manque d'idées directrices de nos assemblées déli-
« bérantes où ces importantes questions de production
« sont de plus en plus reléguées au second plan, cette
« dangereuse manie qu'ont certains partis de vouloir
« transformer notre pays en une sorte de laboratoire
« expérimental destiné à faire l'essai de réformes, parfois
« louables en soi, mais dont la plupart sont, à l'heure
« actuelle, incompatibles avec la concurrence que nos
« producteurs sont obligés de soutenir avec l'étranger,
« les difficultés, sans cesse croissantes, que rencontrent
« nos chefs d'industrie avec leur personnel ouvrier, que
« des esprits imprévoyants rendent indisciplinés en les
« gavant d'idées chimériques à force d'être généreuses,
« la cherté de la main-d'œuvre et le renchérissement des
« matières premières qui en résulte... »

---

(1) A. Haller. — Les industries chimiques et pharmaceutiques. — Rapport du Jury international de l'Exposition de 1900. — Gauthier-Villars, 1903, Introduction, p. LXXI.

« Quoi qu'en puissent dire les rapporteurs de l'Association, la réduction à huit heures de la journée de travail dans l'industrie à marche continue nous conduira fatalement et à bref délai aux trois huit et au bouleversement des conditions sociales et économiques.

« Si dans l'industrie chimique, dans le cas du grillage des minerais de zinc en particulier, des essais heureux de la réduction du travail à huit heures ont pu être faits sans influer sur la durée du travail des ateliers voisins ou des industries environnantes, cela tient à des nécessités locales bien définies et au caractère particulièrement rude d'un travail déterminé, et nous pourrions citer une usine belge grillant des pyrites et des blendes où les grilleurs de pyrites ont la journée de douze heures alors que ceux des blendes, travaillant dans le même bâtiment, ont celle de huit.

« L'absence sensible de répercussion de cette réduction sur les autres ateliers et industries tient, par conséquent, à des cas d'espèce.

« Si, dans les quatre groupes d'industries précitées, on étend à un plus grand nombre la mesure qui n'existe qu'à l'état d'exception justifiée et parfaitement comprise des ouvriers, ceux-ci ne comprendront plus, et tous voudront ne plus travailler que huit heures : les trois huit s'imposeront.

« Or, nous le demandons, trouverait-on dans les commerçants, industriels et économistes français une majorité pour envisager froidement les effets de cette mesure ?

« Les quatre groupes dont il est question sont des industries de matières premières. Le remplacement de deux ouvriers par trois, nécessairement payés au même prix, entraînera encore plus le renchérissement de la vie dont l'ouvrier est le premier à souffrir.

« Où les industriels français trouveront-ils, pour créer une troisième équipe, les ouvriers leur manquant pour en assurer deux?

« La pénurie de main-d'œuvre constitue, depuis plusieurs années déjà, dans certaines régions de la France, une crise véritablement aiguë. Est-ce le moyen de la résoudre que d'imposer aux industriels d'avoir un nombre d'ouvriers bien supérieur à celui qu'ils ne peuvent déjà trouver.

« On ne peut escompter que l'extension du machinisme vienne solutionner cette difficulté. Depuis nombre d'années, devant la rareté et les difficultés de la main-d'œuvre ouvrière, des efforts sont faits pour lui substituer le travail mécanique sans avoir suppléé à cette pénurie.

« L'industrie chimique en raison de la nature spéciale de son travail et des réactions mises en jeu, est plus mal placée que toute autre pour opérer cette transformation.

« L'application de la réduction du travail à huit heures serait désastreuse pour elle. Il est sage, comme l'avait résolu l'Assemblée de Zurich, de la laisser en arrière à ce point de vue. »

M. LE PRÉSIDENT. — Je voudrais, pour que vous puissiez y réfléchir et, le cas échéant, proposer d'autres amendements, indiquer à l'assemblée deux amendements, que le rapporteur accepte, au texte des vœux qu'il vous propose, et qui sont inspirés par le désir de faire la part qui convient aux préoccupations dont nous avons entendu les industriels se faire l'écho, et aussi par la pensée que l'Association peut avoir une responsabilité particulièrement grave lorsqu'il s'agit de provoquer une conférence internationale.

Vous savez, en effet, c'est d'ailleurs un très grand mérite de l'Association pour la protection légale des travailleurs, qu'elle a déjà obtenu par la voie de conférences internationales, que fussent proposées aux puissances des modifications de leur législation nationale. Ce procédé qui présente un grand intérêt est aussi de nature, comme je le disais, à mettre davantage en mouvement la responsabilité des associations nationales puisqu'en somme ce sont elles qui, par le détour d'une conférence internationale, proposent aux parlements des vœux à l'état de projets de loi adoptés déjà par des conférences internationales. Il y a donc là une responsabilité particulière, et c'est en s'inspirant des pensées que je vous ai indiquées que sont proposés les amendements dont je vais vous donner connaissance.

Au lieu du paragraphe qui dit :

« Est d'avis que la réglementation projetée peut comprendre dès maintenant les quatre industries suivantes... »

On demande de dire :

« Est d'avis que la réglementation projetée peut comprendre sous réserve des transitions nécessaires... »

En tête des vœux, après ces mots : « L'Association française pour la protection légale des travailleurs », on propose d'insérer avant le vœu A, cette formule :

« L'Association française pour la protection légale des travailleurs, tout en réservant son opinion sur l'époque où il pourrait être opportun d'appeler une conférence internationale à délibérer sur l'introduction obligatoire des trois postes de huit heures dans les usines à feu continu... »

La séance est levée.

Assemblée générale du 24 février 1913
Présidence de M. MILLERAND

M. LE PRÉSIDENT. — M. Arquembourg a saisi le rapporteur d'une proposition. Je vais lui donner la parole, s'il le veut bien, pour indiquer à l'assemblée quel est le sens de cette proposition.

M. ARQUEMBOURG. — Je voudrais tout d'abord donner quelques explications complémentaires au sujet d'une question qui m'a été posée à la dernière séance, lorsque je faisais ressortir la difficulté que l'on éprouve dans certaines régions à se procurer un personnel ouvrier étranger.

M. Lorin, faisant allusion à une campagne qui a été menée, il y a quelque temps, par les journaux, demandait si cette difficulté du recrutement ne provenait pas des conditions défavorables dans lesquelles les ouvriers se trouvaient placés au point de vue de l'hygiène et de la moralité, et si ce n'était pas là la cause qui motivait, de la part de certains gouvernements, les difficultés qu'ils opposaient au recrutement.

J'ai répondu à M. Lorin que je connaissais la région à laquelle il faisait allusion, que je n'avais jamais remarqué que les ouvriers y fussent dans des conditions plus défavorables que dans les autres régions, qu'il fallait tenir compte de ce fait qu'il s'était formé là assez rapidement une grande agglomération dans laquelle, forcément, il s'était introduit quelques éléments un peu douteux.

J'ai eu, depuis la dernière séance, l'occasion de visiter à nouveau cette région et d'y faire une petite enquête sur les conditions dans lesquelles se trouvent les ouvriers.

Il résulte de cette enquête que la situation est à peu près telle que je vous l'avais décrite.

Les ouvriers ne sont pas, dans cette région, dans des conditions plus mauvaises que dans beaucoup d'autres. Je dirai même, au contraire, que les conditions y sont très bonnes au point de vue des salaires. Les salaires des ouvriers mineurs, notamment, sont beaucoup plus élevés qu'ailleurs ; ils dépassent une moyenne de 9 et 10 francs. Les salaires des ouvriers mineurs, dans les mines de houille, par exemple, sont bien inférieurs à ce chiffre.

En ce qui concerne les conditions dans lesquelles les ouvriers sont installés dans le bassin de Briey, je peux vous donner quelques précisions.

Le bassin de Briey s'est développé d'une façon considérable; la région étant par elle-même assez peu peuplée, il fallu y amener des ouvriers étrangers. On a manqué de ressources pour les installer et pour les loger. En même temps que les ouvriers, il est venu des gens qui n'avaient pas l'intention de travailler dans les mines, mais qui pensaient profiter de cette occasion pour réaliser certains bénéfices, soit en nourrissant ces ouvriers étrangers à la région, soit en leur offrant le logement qui manquait.

Il s'est fait au début des installations un peu sommaires; on a construit un certain nombre de baraquements en bois, et les ouvriers ont dû se loger dans des conditions peut-être un peu défectueuses et parce qu'ils ne trouvaient pas mieux.

Il faut bien reconnaître — et ceci est à l'honneur des industriels de la région de Briey — que, dès le début, ils se sont préoccupés du sort des ouvriers qu'ils y amenaient. Ils ne se sont pas contentés d'édifier des usines et des exploitations de mines ; ils ont créé, à côté, des cités ouvrières, qui sont installées dans les meilleures conditions possibles au point de vue de l'hygiène. J'ai rapporté, à titre de document, deux cartes postales que l'on vend là-bas. Vous y verrez, d'une part, les baraquements en bois dont quelques-uns subsistent encore, et un aspect de ces cités ouvrières.

Il est certain que c'est dans cette région que l'on trouve, au point de vue des habitations ouvrières, les meilleures conditions. La cité représentée sur cette carte n'est pas un exemple qui sorte de la moyenne ; c'est une cité très bien installée, mais qui n'est pas exceptionnelle. Dans toutes les mines, il y a des cités semblables, n'ayant peut-être pas le même aspect élégant, mais tout aussi confortables.

Les ouvriers sont donc dans d'excellentes conditions au point de vue de l'hygiène, surtout ceux qui viennent avec l'intention de se fixer dans le pays et qui sont accompagnés par leur famille. Ceux-là peuvent prendre une de ces maisons. Ceux qui viennent seuls, les célibataires, ont moins de facilités : ils sont obligés de s'adresser aux logeurs et les conditions dans lesquelles ils se trouvent sont évidemment moins favorables. Le gouvernement s'est déjà occupé de la salubrité de ces logements et d'y assurer la moralité. Ces logements sont annexés généralement à des cafés ; ils sont presque tous tenus par des Italiens. Les célibataires sont contents de retrouver des compatriotes. Mais ces gens connaissent les faiblesses des ouvriers et en profitent quelquefois. Cela se produit comme partout ailleurs et pas dans une proportion plus grande. Encore une fois, il est du ressort du gouvernement de veiller non seulement aux conditions d'hygiène de ces logements, mais encore plus aux conditions de moralité. Le gouvernement a témoigné de son désir de remplir les devoirs qui lui incombent en installant, dans la région de Briey, deux commissariats de police supplémentaires.

Vous voyez donc que les conditions de moralité ne sont pas aussi défavorables que la campagne à laquelle on faisait allusion voulait bien le dire. Il est assez remarquable, du reste, de voir que cette campagne a coïncidé avec les restrictions qui ont été mises par le gouvernement italien à l'exode des ouvriers de cette nationalité. L'exode des ouvriers italiens ne se produit pas seulement pour la région de Briey, mais aussi pour les régions voisines de territoire allemand. Je ne crois pas qu'en territoire allemand on ait d'autres conditions que celles que l'on trouve en France. On s'est peut-être montré un peu moins rigoureux à l'égard des bureaux d'émigration installés par l'Allemagne qu'à l'égard des bureaux français ; je crois qu'il était nécessaire de signaler ce fait.

Je disais tout à l'heure que c'était aux gouvernements qu'il appartenait de s'occuper de ces questions de moralité, mais les industriels ne sauraient s'en désintéresser et il serait injuste de ne pas leur rendre à cet égard l'hommage qu'ils ont mérité. Ils se sont occupés d'assurer le sort des ouvriers célibataires ; ne pouvant installer eux-mêmes les logements et les cantines parce que la loi sur les économats le leur interdisait, ils ont cependant édifié des sortes d'hôtels beaucoup plus confortables que les barraquements en bois du début. Ils ont confié la gérance de ces établissements à des tenanciers en qui ils ont toute confiance, en se réservant même un droit de contrôle sur le fonctionnement de l'hôtel. Les ouvriers célibataires, qui étaient moins favorisés que les autres, trouvent maintenant dans ces hôtels des logements plus confortables, plus hygiéniques, et sont, eux aussi, dans de bonnes conditions au point de vue de la moralité.

Je crois qu'il était nécessaire de vous donner ces renseignements complémentaires, qui ont aujourd'hui plus de valeur que si je les avais donnés la dernière fois, puisque je viens de faire une enquête à ce point de vue spécial.

J'arrive maintenant à la proposition au sujet de laquelle M. le Président m'a donné la parole.

A la fin de la dernière séance, M. Fagnot nous avait fait une proposition tendant à placer avant les vœux un préambule dont il nous a donné lecture et qui, je crois, était celui-ci :

« L'Association française pour la protection légale des travailleurs, tout en réservant son opinion sur l'époque où il pourrait être opportun d'appeler une conférence internationale à délibérer sur l'introduction obligatoire des trois postes de huit heures dans les usines à feu continu... »

Parlant en mon nom personnel — car je ne représente ici aucun groupement et il ne faudrait pas croire que j'exprime l'opinion des industriels — je crois qu'il serait utile de faire ressortir dans ce préambule une opinion qui m'a paru assez unanimement partagée par tous les membres de cette assemblée lors de la dernière discussion, c'est que cette réforme, tout en pouvant être désirable en principe, au point de vue humanitaire, au point de vue social, peut présenter certaines difficultés d'application et avoir des conséquences assez sérieuses. Il serait donc opportun de se rendre compte, d'une façon assez précise, des conséquences de cette réforme avant d'engager une conférence internationale.

C'est cette idée que je voudrais voir exprimée dans le préambule que M. le Président a lu à la fin de la dernière séance.

Je proposerai d'ajouter les mots :

« Après une enquête très complète sur les conséquences de la réforme... »

M. FAGNOT. — Suivant une coutume déjà ancienne entre M. Arquembourg et moi, lorsque l'un et l'autre nous sommes chargés de présenter à l'Association des rapports sur une question donnée, je vais m'efforcer de lui donner satisfaction, dans la mesure du possible, sans cependant nous mettre en désaccord avec les décisions prises sur le terrain international.

Je vous propose un texte qui ne diffère que sur des points secondaires du texte que vient de vous soumettre M. Arquembourg :

« ... Tout en réservant son opinion sur l'époque où il pourrait être opportun, après enquête officielle sur ce point, d'appeler une conférence internationale à délibérer sur l'introduction obligatoire des trois postes... »

Une première différence vient de disparaître, car à l'instant nous nous sommes mis d'accord, M. Arquembourg et moi, pour reconnaître que l'enquête qu'il désire ne peut pas être faite par nous d'une manière suffisamment complète et qu'il vaut mieux demander qu'elle soit faite par le ministère du Travail : d'où le mot enquête officielle.

Le principe de l'enquête étant admis, il ne reste qu'une seule différence. M. Arquembourg parle d'une enquête devant porter sur les conséquences de la réforme, tandis que le texte que je me permets de vous proposer dit simplement : « ... après une enquête officielle sur ce point », c'est-à-dire sur l'époque où il pourrait être opportun de convoquer une conférence internationale pour traiter officiellement la question. Notre proposition ne vise donc que l'opportunité dans le temps, sans parler des conséquences de la réforme. Il nous semble que, si la proposition était libellée comme M. Arquembourg le propose, nous ne pourrions pas, aujourd'hui ou dans la prochaine séance, discuter, adopter ou repousser des vœux tendant à préciser les modalités de la réforme elle-même.

Nous pouvons, au contraire, sans aucune contradiction, nous prononcer dès maintenant sur les principes généraux de la réforme, tout en demandant qu'une enquête soit faite en ce qui touche l'opportunité de la mise en vigueur de la convention projetée.

J'ajoute que les industriels, ainsi consultés par le gouvernement, seraient pleinement autorisés à faire connaître leur opinion, non seulement en ce qui touche la date, mais aussi en ce qui concerne les conséquences de la réforme. C'est donc une simple question de forme et j'espère que M. Arquembourg voudra bien se rallier à ce texte transactionnel.

M. Arquembourg. — Le texte n'est pas le même au point de vue de l'étude des conséquences. M. Fagnot demande simplement qu'une enquête soit faite sur l'opportunité de la date de la réforme. Je comprends bien que les industriels auront la liberté de donner leur opinion sur les conséquences. Mais je ne vois pas qu'il y ait opposition entre le préambule que je vous ai soumis et le vote des vœux qui viennent à la suite. Il me semblait qu'au contraire, notre discussion prenait, par l'adoption même du texte que je proposais, un caractère plus réfléchi ; nous votons des vœux, nous pensons que la réforme est réalisable — j'admets pour l'instant qu'elle le soit — mais nous envisageons les conséquences et, tout en exprimant ces vœux comme un desideratum, comme nous ne nous sentons pas suffisamment en mesure d'examiner les conséquences de leur application, nous demandons qu'on examine ces conséquences avant d'entamer des pourparlers internationaux.

Le texte de M. Fagnot semble indiquer que nous votons

des vœux d'une façon moins réfléchie, puisque nous ne paraissons pas nous préoccuper de leurs conséquences.

C'est la différence qu'il y a entre les deux textes : je n'insisterai pas si l'assemblée croit devoir se rallier à celui proposé par M. Fagnot.

M. FAGNOT. — Il me paraît utile de rappeler à l'assemblée où nous en sommes. Cette question, comme l'a indiqué le rapport, est examinée ici sur le désir exprimé par les représentants français de l'Association à la commission de Londres — qui a été exclusivement consacrée à l'étude de cette question — et à l'assemblée générale de Zurich, en septembre dernier. Lors de cette dernière assemblée, dans les conversations entre Français, on s'est rendu compte que, en France, l'opinion publique, et spécialement les patrons et les ouvriers des industries visées, devaient être saisis d'une façon précise de notre problème. Tel est le motif pour lequel l'Association française a cru devoir ouvrir cette discussion.

Quant à la réforme elle-même, on peut affirmer que, sur le terrain international, elle a été étudiée d'une façon très approfondie. Les représentants de la plupart des nations industrielles ont donné leur opinion motivée et une seule de ces nations, l'Italie (1), s'est prononcée contre la réforme. Sans entrer dans plus de détails, vous voyez que les conséquences de la mesure ont été parfaitement pesées par les représentants des sections d'Europe et d'Amérique. Ils se sont prononcés pour l'adoption du principe, d'accord avec plusieurs industriels présents qui

---

(1) A la Commission de Londres, l'Autriche s'est également prononcée contre, mais la section de ce pays n'a pas approuvé ses mandataires et, à Zurich, elle a donné un avis favorable. (Voir compte rendu de l'assemblée générale de Zurich, page 172.)

appartiennent aux industries directement en cause. Ils ont constaté que la question ne pouvait soulever que deux difficultés, l'une d'ordre financier et l'autre relative au recrutement du personnel, et ils ont affirmé que l'une et l'autre n'étaient pas insurmontables.

Les opinions exprimées ici montrent bien, en effet, que la réforme ne soulève que ces deux inconvénients, dont il ne faut d'ailleurs pas contester l'importance.

Le groupement le plus qualifié en la matière, le Comité des forges de France, n'a même parlé, lui, que de la difficulté du personnel, mais il va jusqu'à dire, et nous devons y faire grande attention, que cette difficulté lui apparaissait telle qu'elle pouvait aller jusqu'à faire baisser la production du pays. A cet égard, nous aurons quelques renseignements chiffrés à vous communiquer.

En résumé, les conséquences de la réforme ayant été envisagées par l'Association internationale, nous acceptons qu'une enquête soit faite par le service officiel compétent, mais nous croyons que cette enquête ne peut porter que sur la question d'opportunité, admettant d'ailleurs que les industriels pourront donner leur avis sur l'ensemble du problème.

Je dois ajouter qu'il ne s'agit pas, pour l'Association, de demander au gouvernement suisse de soumettre un projet aux gouvernements de l'Europe. Nous n'en sommes pas encore là. En ce qui le concerne, le gouvernement français fait faire une enquête et je vois ici mon collègue et ami, M. Barat, qui est chargé de rédiger le rapport et de le publier d'ici peu.

D'après cette enquête, sur laquelle M. Barat pourrait vous donner des renseignements plus complets, à l'heure actuelle, en France, 40 établissements au moins pratiquent le régime des trois postes. Nous ne proposons donc rien que les industriels, qui marchent en tête du progrès — et j'en vois avec plaisir plusieurs ici — n'aient déjà spontanément réalisé.

L'enquête de l'Office du travail fournira des renseignements très complets sur l'organisation des usines à marche continue. Toutefois, elle ne fera pas connaître l'opinion des intéressés sur le fond même de notre sujet.

En ce qui concerne cette opinion, sans vouloir exagérer l'importance de nos discussions, il est permis de dire qu'elles constituent une enquête, une enquête incomplète, imparfaite si l'on veut, mais tout de même une première enquête, étant donnés surtout les personnes et les groupements qui ont examiné la question sur notre proposition. C'est ainsi que, dans les limites restreintes d'une enquête orale, les industriels les plus qualifiés se sont préoccupés du problème et plusieurs d'entre eux, appartenant aux produits chimiques, aux industries du papier, à celles de la verrerie et à celles des métaux, c'est-à-dire aux quatre industries intéressées, ont exprimé leur avis.

Nous ne demandons qu'à continuer l'enquête sous cette forme et à entendre le plus grand nombre d'observations que l'on voudra bien nous présenter.

Un dernier mot. Le préambule des vœux proposés a subi une modification d'un certain intérêt.

A la fin de la dernière séance, nous avons délibéré sur l'introduction obligatoire des trois postes de 8 heures chacun. Nous vous proposons aujourd'hui de supprimer dans le texte le mot « obligatoire ». En réalité, nous ne demandons pas à la loi de rendre obligatoire le système des trois postes de 8 heures. Les industriels qui m'écoutent savent très bien que, dans les usines à marche continue, les modes d'organisation du travail sont infiniment variés ; que, par suite, vouloir enfermer tous les établissements dans un régime unique, c'est augmenter gravement les difficultés. La suppression du mot « obligatoire » dans le préambule, signifie que ce n'est ni la durée, ni le nombre des postes de travail qui sont obligatoires, et que l'obligation ne porte que sur la durée hebdomadaire de 56 heures de travail par ouvrier ou, plus exactement encore, de 168 heures de travail par période de trois semaines, avec un maximum de 12 heures de travail par jour. En permettant ainsi aux industriels d'organiser les roulements des équipes sur des bases très diverses, nous donnons au projet une très grande souplesse qui lui vaudra sûrement l'adhésion volontaire d'un grand nombre d'employeurs.

M. LE PRÉSIDENT. — Je demande à M. le Rapporteur la permission de présenter une observation. Je crois bien que la protestation des industriels est motivée surtout, pour ne pas dire exclusivement, par ce fait que les vœux que vous proposez et qui sont la reproduction en substance de ceux de Zurich, entraîneraient la substitution des trois postes de 8 heures aux deux postes de 10, 11 ou 12 heures.

M. FAGNOT. — Oui, dans un grand nombre de cas.

M. LE PRÉSIDENT. — Donc, c'est bien sur l'introduction de trois postes que porte la difficulté.

M. FAGNOT. — C'est exact, en principe; cependant, plusieurs autres régimes pourront fonctionner à l'intérieur de notre système. Il n'y a pas que le régime des trois postes qui soit possible. Notre système aboutit au régime des trois postes pour l'entretien des feux, car, d'après l'expérience, je ne crois pas qu'il soit possible d'organiser un autre régime en ce qui concerne les fours et la marche des feux. Au contraire, en ce qui concerne la production, et dans les quatre industries visées, plusieurs autres régimes sont possibles, tout en respectant la convention projetée. Sans dépasser la limite, pour chaque ouvrier, de 168 heures de travail par période de 21 jours, on peut établir des roulements comportant la journée de 10 heures, de 11 heures ou de 12 heures pour une équipe d'ouvriers ou même deux équipes sur trois, pendant un tiers de la période des trois semaines.

L'idée nous vient d'Angleterre. Si nous n'avions pas admis un régime hebdomadaire, non seulement les patrons, mais les ouvriers anglais n'auraient pu nous suivre, car, dans ce pays, le régime général, dans la verrerie par exemple, est de 48 à 50 heures de travail en 5 jours et demi par semaine. Vous voyez qu'il ne s'agit pas des trois postes de 8 heures sur 24. C'est une forme de ces combinaisons multiples dont je parlais tout à l'heure et c'est pour cela que nous avons admis la réglementation hebdomadaire et même la réglementation par période de 21 jours.

Il est certain toutefois, comme le disait M. le Président, que, après l'adoption de la réforme, le régime des trois postes de 8 heures sera pratiqué dans la majorité des cas.

M. LE PRÉSIDENT. — En somme, le texte proposé serait celui-ci :

« *L'Association française pour la protection légale des travailleurs, tout en réservant son opinion sur l'époque où il pourrait être opportun, après enquête officielle sur ce point, d'appeler une conférence internationale à délibérer sur l'introduction des trois postes de 8 heures dans les industries à marche continue...* »

Insistez-vous, Monsieur Arquembourg, sur votre texte ?

M. ARQUEMBOURG. — Je n'insiste pas.

Le texte mis aux voix est adopté.

M. FAGNOT. — Voici la suite du texte proposé :

« Approuve les résolutions prises par la Commission internationale de Londres et par l'assemblée générale de Zurich, en ce qui concerne la réglementation, par une convention internationale, du travail des hommes adultes occupés par équipes de jour et de nuit dans les usines à marche continue. »

En d'autres termes, c'est le principe même de l'intervention de la loi, sous la forme internationale, pour établir une réglementation nouvelle dans les industries considérées.

M. LE PRÉSIDENT. — Est-ce que vous ne croyez pas, étant donné que vous allez mettre des précisions dans les vœux suivants, qu'il vaudrait mieux dire :

« Approuve, conformément aux résolutions prises, etc., la réglementation, par une convention internationale, du travail des hommes adultes... » ?

M. FAGNOT. — Votre formule est préférable.

M. LE PRÉSIDENT. — Quelqu'un demande-t-il la parole sur ce premier point ?

Je vais donner lecture du texte modifié :

« Approuve, conformément aux résolutions prises par la Commission internationale de Londres et par l'assemblée générale de Zurich, la réglementation, par une convention internationale, du travail des hommes adultes occupés par

équipes de jour et de nuit dans les usines à marche continue.

Le texte, mis aux voix, est adopté.

M. FAGNOT. — Nous abordons le point essentiel. Il s'agit de savoir quelles seront les industries qu'il y a lieu de placer sous le régime spécial que nous proposons.

Je dis le « régime spécial » et il faut sur ce point une explication. Aux yeux de l'Association internationale, la journée de 10 heures est considérée comme étant la durée normale du travail dans les établissements industriels. Or, nous constatons que, dans les usines à feu continu, il n'est pas possible, sauf exception, d'appliquer ce régime. Pour la majorité des cas il faut adopter, soit le régime des deux équipes de 12 heures, celui qui est pratiqué d'une façon presque générale en Europe, soit le régime des trois équipes de 8 heures.

Si nous proposons ce dernier régime, c'est parce qu'on ne peut en quelque sorte faire autrement, au moins comme règle générale. Nous passons du poste de 12 heures au poste de 8 heures parce qu'il n'est pas possible, dans l'usine à marche continue, de pratiquer couramment le poste de 10 heures.

D'autre part, on constate que, presque partout en Europe, dans les industries où le travail est le plus pénible, le plus dangereux ou le plus malsain, l'ouvrier est encore astreint à travailler tantôt le jour, tantôt la nuit, pendant 12 heures sur 24. Si une telle situation ne se modifie pas, ce n'est pas la faute des industriels, c'est plutôt parce que le passage du régime de 12 heures à celui de 8 heures, du régime des deux équipes à celui des trois équipes est gros de conséquences pour chaque industriel.

Rappelons-nous l'opinion émise par les actionnaires du trust de l'acier, aux États-Unis. Ils reconnaissent qu'il y a quelque chose à faire, mais ils déclarent qu'un seul industriel — et cependant il y a, en Amérique, des établissements d'une importance considérable — qu'un seul industriel ne pourrait pas appliquer une telle réforme, le voulût-il, sans compromettre sa situation économique et financière.

Il faut donc procéder par mesure générale et voilà pourquoi nous proposons une convention internationale qui équilibrerait, nivellerait pour ainsi dire, les facteurs économiques du problème.

Nous demandons que cette réglementation spéciale vise quatre industries, mais il convient, pour la clarté de la discussion, de les examiner l'une après l'autre en commençant par la métallurgie.

À cet égard, notre texte n'est pas tout à fait conforme au texte adopté à Londres. Il dit « la métallurgie » tout court, alors que le texte international dit « la métallurgie du fer et de l'acier ». Vous voyez la différence. Le texte international laisse de côté — et pour ma part je le regrette — plusieurs métaux, le plomb et le zinc, par exemple, dont le travail est particulièrement pénible et dangereux. Néanmoins, comme le fer et l'acier sont de beaucoup les plus importants, on pourrait ajouter au texte actuel les mots : « métallurgie du fer et de l'acier ».

La métallurgie du fer et de l'acier comprend essentiellement les hauts fourneaux, les forges, le puddlage, les aciéries et les laminoirs. On peut se demander si les fours électriques — qui ne sont pas encore très développés, mais qui pourront l'être dans quelques années — ne devraient pas être visés dans l'énumération des appareils métallurgiques.

Un membre. — Connaissez-vous beaucoup de fours électriques en activité ?

M. Fagnot. — Je crois qu'il n'y en a qu'un en France, mais d'ici que le texte soit voté il est fort probable qu'il y en aura plusieurs autres.

Le projet, nous le reconnaissons, soulèvera une réelle difficulté, dans l'industrie métallurgiqe, en ce qui concerne le recrutement de la main-d'œuvre. Le Comité des forges de France affirme que cette difficulté peut aller jusqu'à faire diminuer la production de la métallurgie dans notre pays. C'est un danger sérieux, surtout pour la France qui se trouvait hier en face des besoins du bassin de Briey, et qui, demain, devra satisfaire aux besoins du bassin de la Normandie.

Si le projet devait avoir pour conséquence inévitable de diminuer la production ou même de rendre impossible son augmentation graduelle, si cette démonstration était faite, je n'oserais pas, pour ma part, soutenir devant vous la réforme. Selon la doctrine de notre Président, notre maître en ces matières, une réforme sociale ne doit jamais diminuer la richesse publique ; toute réforme sociale bien comprise doit, au contraire, avoir pour conséquence prochaine d'augmenter la richesse générale.

Mais permettez-moi, non pas d'opposer, je ne me le permettrai pas, mais de mettre en face de la déclaration du Comité des forges quelques chiffres relatifs, d'une part, à la production des métaux en France et, d'autre part, au nombre des ouvriers occupés dans les usines métallurgiques. Ces chiffres sont extraits des rapports de l'inspection du travail en ce qui concerne le personnel ouvrier et d'une conférence de M. Laurent, directeur général des usines de la marine et d'Homécourt, en ce qui concerne la production de la fonte.

En 1900, notre pays produisait 2,700,000 tonnes de fonte et les 226 usines métallurgiques occupaient alors 98,000 ouvriers. En 1910, la production de la fonte s'est élevée à 4.000,000 de tonnes, soit 47 % d'augmentation. Quant au personnel, pour 208 usines, au lieu de 226, il est passé de 98,000 ouvriers à 122,000, soit 24,5 % d'augmentation seulement. En 1911, la production française a augmenté de 500,000 tonnes (4 millions et demi), ce qui fait 12 % d'augmentation sur l'année précédente ; du côté du personnel, le nombre des usines est passé à 221 et le nombre des ouvriers à 130,000, soit une augmentation de 6,5 % seulement.

Les deux mouvements ne sont donc pas du tout parallèles. La production croît avec une progression de 47 % en dix ans et de 12 % en un an, tandis que le nombre des ouvriers augmente de 24,5 % dans la même période décennale et de 5,5 % dans la dernière année. Si ces chiffres ne suffisent pas à démontrer que la réforme ne causera aucun dommage, ils sont pourtant rassurants.

D'ailleurs, il ne faudrait point croire que le personnel devra augmenter de moitié lorsqu'on passera du régime actuel à deux postes au régime des trois postes. D'abord, le régime des dix heures de travail à deux postes reste possible pour une partie des travaux. D'autre part, il s'agit d'un ensemble d'ouvriers ayant des travaux tellement différents qu'une foule de systèmes sont possibles. Au surplus, personne n'a soutenu que le nombre des ouvriers devrait être augmenté de moitié.

Il y aura une augmentation de personnel et cette augmentation causera des difficultés aux industriels. Peut-elle aller jusqu'à entraîner une baisse de la production nationale ? Je ne le pense pas. Je crois vous avoir donné un argument qui prouve que les deux mouvements, augmentation de la production et augmentation du personnel, ne sont pas parallèles et que la différence entre eux est même considérable.

Reste une difficulté, moins grave, mais réelle : celle de trouver plusieurs milliers de nouveaux ouvriers. Elle a frappé plusieurs partisans de la réforme qui, étant Français, ne peuvent pas nier que le problème sera plus difficile à résoudre en France qu'ailleurs.

Notre distingué collègue M. Legouez, qui connaît bien cette question et qui la traite d'une façon désintéressée puisqu'il appartient à une industrie autre que celles qui nous occupent, M. Legouez a présenté un argument qui est plutôt favorable à notre thèse.

Il a constaté que, dans les régions industrielles du Nord, un grand nombre d'ouvriers des manufactures, qui ne travaillent que pendant le jour, vont de préférence aux usines où l'on fait du travail de jour et de nuit. Mais, puisqu'il en est ainsi, il n'y a donc pas, dans cette région, quasi-impossibilité pour les industries à marche continue de recruter le nombre d'ouvriers qui leur sera nécessaire.

Sans abuser de l'argument de la main-d'œuvre étrangère, j'ai le droit d'en faire état et de rappeler que dans l'arrondissement de Bricy on a fait appel à cette main-d'œuvre dans des proportions énormes. D'autre part, sur toute l'étendue de la ligne frontière du Nord, que connaît particulièrement M. Legouez, un nombre considérable d'ouvriers belges viennent chaque jour travailler en France, au point qu'un médecin dirait qu'il y a là une sorte de phénomène d'endosmose.

Au surplus, quel peut être le nombre d'ouvriers supplémentaires qu'il faudra embaucher pour appliquer la réforme ? Ce nombre sera-t-il d'une grandeur numérique qui puisse nous effrayer ? On ne saurait faire à cet égard qu'une approximation grossière, mais on peut dire, en s'appuyant sur le nombre actuel des ouvriers intéressés, que ce chiffre ne peut pas dépasser 50,000 hommes. Or, sans parler de la main-d'œuvre étrangère, il semble bien que, sur une population de plus de 4 millions d'ouvriers industriels, il n'est pas impossible de trouver 50,000 hommes pour pratiquer le régime des trois postes dans les usines à marche continue.

On les trouvera d'autant plus aisément que, dans ces usines, où les salaires sont généralement élevés, le nouveau régime assurera de tels avantages aux ouvriers, que la préférence constatée par M. Legouez ne pourra que s'accentuer.

M. Lœbnitz. — C'est possible, mais ce sera au détriment des autres industries.

M. Fagnot. — Nous ne pouvons pas, dans notre après-midi, résoudre tous les problèmes que pourrait nous poser la théorie des vases communiquants.

En prenant à la lettre votre raisonnement, le développement énorme de l'industrie, depuis cent ans, n'aurait pas pu se produire. Si un agriculteur était ici, il pourrait, lui, faire entendre une plainte plus vive et peut-être plus fondée. Mais le problème ainsi généralisé déborde de beaucoup notre sujet.

En face de ces difficultés qui ne sont pas insolubles avec quelque bonne volonté, le régime des trois postes assurera aux ouvriers une amélioration pleinement justifiée. Vous voudrez faire disparaître le dur régime des douze heures de jour et des douze heures de nuit, les graves inconvénients de l'alternance de 18 et 24 heures et les conditions pitoyables de la vie de famille pour ces travailleurs.

Pour ces raisons, Messieurs, vous ferez entrer la métallurgie dans le cadre légal projeté. La métallurgie, l'une des premières industries de l'Europe au point de vue technique, est également l'une des premières quant à la valeur des hommes qui la dirigent. Noblesse oblige, Messieurs. Les premiers industriels du monde, ceux qui réalisent les plus larges bénéfices, ne nous refuseront pas une réforme juste, réalisable avec un effort, éminemment favorable à leurs modestes et indispensables collaborateurs.

M. Strohl. — Je suis tout à fait d'accord avec M. Fagnot sur l'opportunité de la réforme. Je proteste simplement contre l'argument qui consiste à dire que l'on trouvera les ouvriers nécessaires dans les autres industries. Ces autres industries se trouveront, par ce fait même, dans une situation très difficile. Vous nous citez le cas de l'agriculture : c'est un grand malheur de voir les ouvriers agricoles quitter leur pays pour se précipiter dans les villes et dans les centres industriels. Ce n'est pas une raison pour trouver juste qu'il en soit de même dans les industries voisines de la métallurgie.

M. Arquembourg. — Je ne veux pas discuter le vœu, j'ai exprimé mon opinion, je le trouve prématuré, je ne le vote pas. Je crois cependant utile de faire quelques observations à M. Fagnot. Il paraît très rassuré sur les conséquences de la réforme, je ne sais pas si, au fond, il n'a pas quelque inquiétude.

M. Fagnot. — Je compte sur la bonne volonté des industriels.

M. Arquembourg. — Je vous remercie de compter sur eux.

M. Fagnot nous a montré que les conséquences de la

réformie proposée n'étaient pas aussi à craindre que nous le supposions. Il nous a dit que l'industrie se développe d'une façon considérable, mais que son développement n'est pas proportionnel au développement de la main-d'œuvre. Dans la production de la fonte, notamment, il n'y a aucun parallélisme entre les deux augmentations.

L'exemple n'est peut-être pas très bien choisi. Il faut tenir compte, dans un tel problème, non seulement de la main-d'œuvre qui concourt à la production, mais des progrès réalisés dans la technique et qui permettent de se passer de la plus grande partie de la main-d'œuvre, or, la fonte est peut-être la production où on ait réalisé depuis dix ans le plus de progrès à cet égards. C'est une des industries, d'ailleurs, où le problème était le plus facile.

M. Fagnot. — Je n'ai pas seulement parlé de la fonte, mais aussi des fours d'acier et des laminoirs.

M. Arquembourg. — Si vous aviez fait la comparaison pour des hauts fourneaux, vous auriez trouvé un écart beaucoup plus considérable encore. La production de la fonte peut doubler et le nombre des ouvriers diminuer. Si l'écart est moins fort dans les chiffres que vous avez donnés, si l'écart est moins fort qu'il n'est en réalité, c'est précisément parce que vous avez pris aussi le nombre des ouvriers occupés à différentes productions. L'argument ne porte donc pas.

Pour les hauts fourneaux, la production de 80 tonnes qui était réalisée il y a dix ans, et considérée à cette époque comme très belle, occupait un personnel qui, aujourd'hui, produit 250 tonnes. Il n'y a pas, dans l'industrie métallurgique, les mêmes progrès. Je sais que, pour la grosse fabrication tout au moins, on a fait de grands progrès par la substitution, au travail manuel, d'installations mécaniques, et que là, encore, comme le disait M. Laurent dans la conférence que vous avez citée, on a réalisé la suppression de beaucoup d'ouvriers, mais il n'en est pas de même dans tous les travaux. Vous voyez donc qu'il ne faut pas tirer un argument très précis de cette diminution de la main-d'œuvre dans les industries que vous avez considérées.

M. Strohl a très bien dit que vous déplaciez la difficulté en envisageant le moyen de recruter les ouvriers nécessaires à la métallurgie dans d'autres industries. Ces industries, et vous-même l'avez reconnu, manquent déjà d'ouvriers. La difficulté reste donc la même.

Vous dites aussi que c'est peu de chose de trouver 50,000 ouvriers supplémentaires. Non, ce n'est pas peu de chose, c'est, au contraire, une difficulté considérable. Vous avez dit que l'augmentation de la main-d'œuvre, de 1906 à 1912, n'était pas très grande, étant donnée l'augmentation de la production, elle a été cependant de 30,000 ouvriers, et il a fallu, pour la réaliser, faire appel à la main-d'œuvre étrangère pour plus de moitié. Le nombre des ouvriers italiens a passé de 12,000 à 35,000 et encore je ne parle que des ouvriers italiens. Si on avait trouvé de la main-d'œuvre en France, croyez-vous que l'on aurait été chercher ces 23,000 Italiens ?

Les chiffres de salaires dont je vous entretenais tout à l'heure dénotent certainement une pénurie considérable d'ouvriers. Lorsque des mineurs qui ne sont que de simples manœuvres — car la tâche est moins difficile et moins dangereuse dans les mines de fer que dans celles de houille — lorsque, dis-je, ces mineurs gagnent des moyennes de 9 francs, 10 francs et quelques-uns 15 ou 16 francs par jour, ce qui est très heureux pour les ouvriers, je le reconnais, peut-on dire que ces salaires sont normaux, n'est-ce pas une preuve évidente de la pénurie de personnel ?

M. ROTH. — N'y aurait-il pas intérêt, pour les industriels français, au point de vue du recrutement des ouvriers, à diminuer le caractère pénible du travail ?

Me plaçant sur un autre terrain et poussant à l'extrême, le raisonnement de ces messieurs sur la durée du travail et sur la difficulté de recruter la main-d'œuvre, ne serait-on pas amené à dire : l'industrie française ne pourra se développer qu'à la condition d'augmenter la durée de la journée de travail ?

M. JAY. — Je me demandais, dans notre dernière réunion, si le meilleur moyen d'avoir des ouvriers n'était pas de leur faire de meilleures conditions de travail.

A ce sujet, je veux souligner devant vous un passage du rapport de M. Boulin. A la page 12 de son rapport sur l'organisation du travail dans les usines à feu continu, M. Boulin examine quelles sont les causes qui ont amené l'organisation à trois équipes. Ces causes, d'après lui, sont les suivantes :

D'abord, l'action ouvrière, puis l'application de la loi sur le repos hebdomadaire — je n'insiste pas sur ces deux premières causes — et, enfin, « le désir d'attirer les ouvriers dans une région autrefois peu industrielle et où se sont mont es des usines utilisant les chutes d'eau ayant besoin de relativement peu d'ouvriers formés. Exemples, les nombreus   usines électro-métallurgiques et électro-chimiques ». 'eut-être la métallurgie trouverait-elle le même avantage à employer le système des trois équipes.

M. ARQUEMBOURG. — Il y a là un grand point d'interrogation que pose lui-même M. Jay en disant « peut-être ».

M. LEGOUEZ. — Je voudrais ajouter un mot sur cette question de la pénurie de la main-d'œuvre dont souffre l'industrie française. Elle est incontestable, personne ne peut la nier, elle est d'autant plus grave qu'elle nous est particulière. Il est à craindre qu'en France nous ne soyons arrivés à la saturation; nous déplacerons alors les ouvriers d'une industrie pour aller dans une autre, ce qui ne changera rien à la question. Nous subirons la loi de l'offre et de la demande et nous devrons payer de plus en plus cher les ouvriers pour nous les arracher les uns aux autres.

Cette situation d'infériorité doit nous faire réfléchir avant de faire un pas que nous regardons comme dangereux. Depuis la dernière séance, j'ai recherché quelques chiffres : il m'a manqué la base de comparaison, le dépouillement complet du recensement de 1911. Si nous avions pu le comparer au recensement de 1906, nous arions probablement pu en tirer des conséquences.

Aussi, j'ai voté très volontiers le préambule et je suis heureux de voir que l'on veut bien faire une enquête approfondie sur ce point très grave avant d'aller plus loin.

M. JAY. — Permettez-moi une question. Est-ce que, dans votre région, il n'y a pas de chômage ?

M. LEGOUEZ. — Si vous voulez nous envoyer 500 ouvriers, nous les prendrons tout de suite.

M. LE PRÉSIDENT. — Si personne ne demande plus la parole, je mettrai aux voix le commencement du paragraphe B :

« *Est d'avis que la réglementation projetée peut comprendre, sous réserve des transitions nécessaires, les industries suivantes : la métallurgie du fer et de l'acier...* »

Le texte, mis aux voix, est adopté.

M. FAGNOT. — Nous abordons maintenant une industrie, celle de la verrerie, où notre tâche sera plus agréable puisque nous n'avons rien à demander aux industriels de notre pays. Ce que nous avons à faire, en bons Français que nous espérons être, c'est obtenir que les maîtres verriers des autres pays de l'Europe adoptent le régime des trois postes qui est généralement pratiqué à l'heure actuelle dans la verrerie française. Je puis bien vous dire qu'à la réunion de Londres, il ne s'agissait d'abord que de la métallurgie et que ce sont les délégués français qui ont obtenu, malgré certaines résistances, l'inscription de la verrerie sur la liste des industries à placer sous le nouveau régime.

L'inscription de la verrerie se justifie d'elle-même, car elle est l'une des industries les plus pénibles et les plus dangereuses. Elle est, d'ailleurs, en complète transformation technique. On ne peut aller dans une verrerie sans apprendre des choses nouvelles : la vitre, comme la bouteille, sera bientôt fabriquée mécaniquement.

Ayant présenté ces arguments devant nos collègues des autres nations, ils ont admis que la verrerie devait immédiatement suivre la métallurgie. Ici je n'ai pas besoin d'insister. Nous tenons pourtant à saluer les maîtres-verriers présents et à leur demander de bien vouloir exprimer leur opinion sur le projet. Demandant beaucoup aux industriels de la métallurgie, il nous serait précieux d'obtenir, avec leur approbation, l'appui moral des verriers en faveur d'un projet qui tend à rétablir les conditions normales de la concurrence entre la verrerie française et celle des autres pays, de la Belgique en particulier. Ainsi, et nous en sommes heureux, le projet présente de réels avantages pour les patrons de l'une des industries visées.

Notre distingué secrétaire général, M. Raoul Jay,

défenseur ardent des malheureux enfants de la verrerie, sera heureux d'apprendre que parmi les patrons présents se trouve M. Wagret, chef de plusieurs verreries du Nord et inventeur d'un appareil, le transporteur mécanique, qui supprime heureusement le travail d'un grand nombre d'enfants occupés le jour et la nuit dans les verreries. M. Wagret nous ferait grand plaisir, lui ou l'un des autres maîtres-verriers présents, s'il voulait bien donner son avis sur le projet qui généralise le système des trois postes dans les verreries.

M. Wagret. — Le système des trois postes est en application dans les verreries à vitres et à bouteilles du Nord.

Dans les premières, la durée du travail est de 9 heures, en réalité 8 heures et demie, une demi-heure de repos étant accordée au milieu de la journée. Il s'ensuit que l'ouvrier bénéficie d'un repos de 18 heures après chaque travail. Il me serait trop long d'entrer dans les détails et expliquer pourquoi cette préférence de la part des ouvriers pour le travail de 9 heures plutôt que de 8 heures, qui a pour eux certains inconvénients, mais qu'ils préfèrent quoique cela au poste de 8 heures. Si cela était nécessaire, je le ferais néanmoins bien volontiers.

Dans les secondes (verreries à bouteilles), nous avons les trois équipes de 8 heures, avec 7 heures et demie de travail effectif. Il y a dix ans que cela fonctionne. Je dois reconnaître que les ouvriers produisent tout autant, sinon plus, dans leurs sept heures et demie de travail effectif que pendant la durée de travail qui était auparavant de 10 heures.

Ce mode de travail est donc très favorable, mais je dois dire comment nous y sommes arrivés.

Nous avions autrefois, dans le Nord, un grand nombre

de verreries. A la suite d'une crise qui a sévi très dure-
ment sur notre industrie, plus de la moitié disparurent.
C'est à ce moment que nous avons pris tous les ouvriers
disponibles des usines disparues pour essayer le système
des trois équipes. Nous avons donc mis en pratique
depuis dix ans déjà la modalité du travail dont on se
préoccupe aujourd'hui et que l'on désirerait voir appliquer
dans les usines à feu continu au nombre desquelles se
trouvent les verreries.

A ce progrès nous en avons ajouté d'autres très importants, tels que le remplacement des porteurs de bouteilles par des appareils *ad hoc* et qui ont permis de
supprimer dans la proportion des 5/6 le nombre des
enfants occupés auparavant à cette besogne. Puis, aussi
nous avons créé de nouvelles halles de four, spacieuses,
bien aérées, comportant au surplus des appareils puissants de ventilation qui rendent le travail beaucoup
moins pénible à l'ouvrier.

En échange des efforts que nous avons faits, et des nouveaux que nous sommes encore disposés à faire, s'il le faut,
nous demandons que l'on ne soit pas trop dur pour nous
et que l'on autorise les enfants à cueillir le verre à l'âge
de 14 ans. En Allemagne, c'est 13 ans, en Belgique aussi.
Nous voulons avoir une loi commune, car sans cela nous
ne pourrons pas faire d'apprentis, les enfants iront dans
les autres industries.

M. FAGNOT. — M. Wagret me permettra d'abord
de lui présenter nos meilleurs remerciements pour ses
importantes déclarations.

En ce qui concerne le décret du 8 octobre 1911, qui a
remonté à 15 ans l'âge des apprentis autorisés à cueillir
le verre dans les fours, je ne puis discuter un décret qui
ne rentre pas dans notre étude. Cependant, l'argument

que vient de nous donner M. Wagret doit nous faire réfléchir. Nous avons une autre question sur le chantier international, celle de l'interdiction du travail de nuit des enfants jusqu'à l'âge de 18 ans. Elle doit faire l'objet d'une première conférence officielle au mois de septembre prochain et l'observation de M. Wagret sera alors très utile.

M. WAGRET. — Je tiens à faire remarquer que, par le roulement même des trois équipes et par l'arrêt des fours chaque dimanche et aussi pendant six semaines à l'époque des grandes chaleurs, pendant laquelle on procède aux réparations, les ouvriers de chacune des équipes ne travaillent que 80 à 90 nuits par année, pas une de plus.

M. ARQUEMBOURG. — J'ai combattu les vœux jusqu'à présent. Je dois cependant dire à M. Fagnot qu'il y a lieu de remercier la délégation française d'avoir introduit la question de la verrerie dans ce domaine de la réglementation internationale.

S'il ne s'était agi que de la réglementation dans la verrerie, je me serais trouvé probablement dans un autre camp et j'aurais demandé que la réforme fût appliquée tout de suite.

En ce qui concerne la métallurgie, M. Fagnot nous a dit qu'une enquête avait été faite, parce que, dans une séance de Zurich, notamment, des industriels avaient donné leur avis. Ces industriels se trouvaient, au point de vue métallurgique, un peu dans la situation où sont les verriers français. Ce sont les industriels anglais qui ont déposé en faveur du travail de huit heures ; il faut dire qu'en Angleterre ce mode de travail est, dès maintenant, beaucoup plus développé qu'il ne l'est en France, sans d'ailleurs être pour cela le régime général. Ces avis me paraissent un peu intéressés.

En ce qui concerne la verrerie, il serait très désirable qu'une entente internationale intervînt, car les verriers français sont dans des conditions désavantageuses vis-à-vis de la concurrence étrangère.

M. Wagret a fait une observation qui a été agréable à M. Fagnot et que celui-ci a enregistrée avec plaisir. Il disait que le travail n'avait pas souffert de la diminution des heures de travail. Il faut remarquer que le travail de la verrerie n'est pas un travail mécanique, c'est un travail purement manuel. Chaque fois qu'il s'agit d'un travail purement manuel, vous ne trouverez pas une diminution de production correspondant à la diminution du travail. L'ouvrier peut donner une certaine dépense d'énergie dans l'intervalle de deux repos, et cette dépense d'énergie varie très peu, qu'il fasse son travail en 7 heures, en 8 heures ou en 10 heures. Lorsque vous prolongez la durée du travail, il ne produit pas beaucoup plus.

Mais, lorsqu'il s'agit d'un travail mécanique, subordonné par exemple à des réactions chimiques, il n'en est plus de même, car l'ouvrier suit le travail, il ne le dirige plus.

Il ne faut donc pas tirer une conséquence trop absolue de la constatation que nous apportait tout à l'heure M. Wagret. Je répète qu'avec le système des trois postes, c'est, dans la métallurgie, cinquante pour cent d'ouvriers en plus qui seront nécessaires.

M. PICQUENARD. — Je crois que M. Arquembourg exagère un peu quand il dit que la substitution des trois postes au régime actuel nécessitera une telle augmentation de personnel.

M. Arquembourg. — Lorsque vous remplacerez les ouvriers faisant douze heures par des équipes de huit heures, vous augmenterez le personnel de 50 %.

M. Picquenard. — Le raisonnement mathématique est juste, mais il n'est pas exact dans la réalité. Vous avez dit tout à l'heure que, dans l'industrie métallurgique, la production a augmenté beaucoup plus que le nombre des ouvriers, ce qui indique bien que, dans votre industrie, il y a pour arriver à la même production d'autres moyens que l'augmentation du nombre d'ouvriers. Il n'est pas question de passer du jour au lendemain d'un régime à l'autre. Le vœu proposé prévoit des mesures transitoires.

M. le Président. — Personne ne demande plus la parole au sujet de la verrerie ?

Je mets aux voix son inscription dans le vœu.

Adopté.

M. Fagnot. — Après le sujet agréable qu'était pour nous la verrerie — il est plus agréable d'en parler que de l'approcher de trop près — nous avons à traiter un sujet plus difficile.

Il faut confesser que c'est nous qui croyons devoir vous proposer d'ajouter, aux deux industries visées par la commission de Londres, deux autres industries, les produits chimiques et la papeterie. En voici les raisons, d'abord en ce qui concerne les produits chimiques.

La première est, en quelque sorte, une raison technique. Entre la métallurgie et les produits chimiques, les frontières sont souvent très indécises. Pour un certain nombre d'opérations, notamment en électro-chimie et en électro-métallurgie, on ne saurait dire si elles font partie de la métallurgie ou de la chimie.

M. LHEUR. — Les usines métallurgiques sont bien distinctes des usines de produits chimiques, je ne crois pas qu'il y ait de vases communiquants ; en fait, les frontières sont bien distinctes.

M. FAGNOT. — Comme le rappelait M. Jay tout à l'heure, dans la Maurienne, un certain nombre d'usines nouvelles font de l'électro-chimie et de l'électro-métallurgie. Prenons, par exemple, la fabrication de l'aluminium. Est-ce de la métallurgie ou de la chimie ? Je suis, quant à moi, incapable de répondre et je demande aux hommes compétents de le dire. L'aluminium est un métal et, à ce titre, c'est de la métallurgie ; mais, d'autre part, il est obtenu par des réactions électro-chimiques.

Voici un deuxième argument. Les usines où l'on fabrique certains produits chimiques pour la pharmacie, par exemple, sont particulièrement dangereuses ; la preuve, c'est qu'elles figurent dans le décret sur les industries insalubres, incommodes ou malsaines. A ce titre, nous sommes autorisés à demander que, dans tous les pays, un régime spécial, analogue à celui de la métallurgie, leur soit appliqué.

Enfin, dans une partie assez importante de ces industries, on pratique déjà les trois postes de 8 heures, non seulement en France, mais dans toute l'Europe ; il en est ainsi notamment dans les usines à gaz.

Il faut, à ce sujet, vous dévoiler notre politique. Quand, dans une industrie, des patrons généreux et plus avisés ont réalisé un progrès social, quel doit être notre rôle ? C'est de nous emparer de cet exemple probant et de dire aux autres employeurs que l'on peut considérer comme des retardataires : « Veuillez donc imiter vos collègues ». Or, puisque les trois postes existent dans une industrie aussi importante que le gaz, nous demandons que la mesure soit étendue et généralisée.

La Chambre syndicale des produits chimiques a bien voulu déléguer plusieurs de ses membres pour traiter la question et son honorable secrétaire, M. Lheur, nous a présenté, à la dernière séance, un rapport très étudié. Dans ce rapport, il me reproche d'entraîner l'Association, en visant les produits chimiques, plus loin que n'entendait aller la Commission internationale de Londres. Le fait étant exact, je livre le problème à votre sagesse. Si, parmi nous, un courant d'opinion ne se dessine pas en vue d'adjoindre les produits chimiques aux deux autres industries, je n'aurai qu'à m'incliner.

M. LHEUR. — M. Fagnot a fait déborder les industries chimiques hors de leur domaine ; il les a fait entrer dans la métallurgie et la fabrication du gaz. On pourrait dire aujourd'hui, dans ces conditions, que tout peut rentrer dans les produits chimiques, l'acier même, c'est un peu de la chimie. Je laisse ce point de côté pour ne regarder que l'industrie chimique proprement dite, c'est-à-dire la fabrication des produits chimiques, par exemple l'acide sulfurique, l'acide nitrique, la soude.

M. FAGNOT. — Dans la soude, il y a au moins un exemple du régime des trois postes.

M. LHEUR. — Il y a des exceptions, c'est entendu. Mais, dans nos industries, il faut tenir compte avant tout de ce que disait notre Président dans la note dont il m'a prié de vous donner lecture. On ne peut compter, dans l'industrie chimique, sur l'extension du machinisme pour venir solutionner la difficulté de la main-d'œuvre. « Depuis nombre d'années des efforts sont faits pour substituer le travail mécanique sans avoir suppléé à cette pénurie... »

Je puis vous dire qu'en raison de la pénurie de main-d'œuvre, une grande usine de produits chimiques du Nord a été obligée de transporter une partie de ses installations en Belgique. C'est une question de fait, et je crois qu'elle doit appeler et retenir l'attention. C'est pourquoi je me rallie entièrement à la demande d'enquête.

M. Fagnot. — Si vous demandez l'enquête, c'est sans doute parce que vous admettez qu'en principe on pourrait inscrire votre industrie sur la liste. (*Sourires.*)

M. Legouez. — L'industrie du gaz est une industrie bien spéciale, une industrie de monopole local. Elle n'a pas à craindre la concurrence étrangère. Que l'on accorde aux ouvriers les trois postes dans les limites où on pourra les arracher aux municipalités, cela n'a rien à voir avec l'industrie chimique en général. Cet argument ne porte pas beaucoup.

M. le Président. — Je trouve que les mots « produits chimiques » ne définissent pas très bien ce dont il s'agit au point de vue où nous nous plaçons.

M. Fagnot. — J'entends toutes les usines de produits chimiques à marche continue. Le moment venu, comme pour la métallurgie, on arrêterait une définition et on dresserait la liste des opérations techniques ou des produits à soumettre au nouveau régime.

M. Barat. — On peut réaliser la marche continue de plusieurs façons. Je voudrais que la question soit précisée. Entendez-vous par marche continue les équipes qui alternent ou les équipes qui n'alternent pas ? Le travail est d'autant plus pénible que les ouvriers sont d'une façon permanente de jour et d'autres de nuit.

M. Fagnot. — A cet égard, il me semble que la Commission de Londres n'a entendu viser que les hommes adultes occupés alternativement le jour et la nuit, et, par conséquent, les usines à marche continue dont les ouvriers travaillent continuellement le jour ou continuellement la nuit ne me paraissent pas visées.

M. Picquenard. — Alors, il sera très facile de tourner la loi.

M. Jay. — C'est une lacune à combler.

M. Lheur. — Pour nous, il s'agit d'appareils qu'on ne peut pas arrêter la nuit.

M. le Président. — Je demande à M. Fagnot s'il insiste pour l'inscription des produits chimiques.

M. Fagnot. — Je prie l'assemblée de se prononcer.

M. le Président. — Je mets aux voix l'inscription des produits chimiques.

L'inscription est votée, encore qu'elle ne le soit pas avec l'enthousiasme que réclamait tout à l'heure M. Fagnot.

M. Fagnot. — Il nous reste à étudier la papeterie. C'est une industrie qui n'est pas insalubre. L'opération principale consiste à surveiller des machines. Les enfants eux-mêmes ne font que des travaux de surveillance ; nous n'avons donc pas les mêmes raisons que tout à l'heure pour demander le régime des trois postes. Inversement, s'il ne s'agit que de surveillance, celle-ci est d'une longueur extrême en ce sens que, dans toutes les papeteries, on pratique le jour et la nuit le poste de douze heures, sans arrêt pour ainsi dire. L'ouvrier mange très souvent devant la machine.

Dans certaines usines, les patrons organisent bien des réfectoires, aussi près que possible de la salle des machines; mais, en fait, les ouvriers eux-mêmes ne tiennent pas à s'y rendre pour prendre leur nourriture. Comme les ateliers ne sont pas malsains, ils prennent souvent leur repas dans l'usine même. Si je constate un usage qui est contraire au règlement sur la matière, je n'en veux tirer aucun reproche à l'adresse des inspecteurs du travail qui ont raison, au contraire, d'appliquer les textes intelligemment et d'exiger le respect de la loi, en matière d'hygiène, seulement quand il y a nécessité.

Il y a eu tout à l'heure quelque hésitation pour inscrire les produits chimiques sur la liste. Voyez maintenant s'il convient, pour les raisons indiquées, d'inscrire également la papeterie, dont le personnel n'est d'ailleurs pas très nombreux.

M. ROTH. — Il y a peut-être intérêt à avoir les trois équipes de huit heures dans la papeterie. Les industriels qui occupent des ouvriers pendant douze heures de présence effective, c'est-à-dire légalement douze heures de travail, ne peuvent pas employer d'enfants. Par conséquent, il n'y a pas d'apprentissage possible.

M. FAGNOT. — Ils en emploient cependant et l'on admet ou l'on suppose que ces enfants ont deux heures de repos au cours du poste de douze heures.

M. JAY. — C'est tout à fait illégal.

La situation est, en somme, celle ci : Alors que nous voulons introduire partout la journée de dix heures, nous nous trouvons devant un groupe d'industries réfractaires à ce progrès ; c'est cette situation que nous voulons faire disparaître, aussi bien dans les produits chimiques et la papeterie que dans la métallurgie. Je sais bien que l'on parle de repos, mais il s'agit de repos incontrôlables et incontrôlés, n'ayant pas, en tout cas, une durée suffisante.

La réduction des journées de travail trop longues, tel est le but de l'effort auquel nous nous associons. Y a-t-il des raisons particulières qui font que la réforme qui nous paraît si nécessaire pour la métallurgie et la verrerie nous paraisse sans intérêt pour la papeterie et les usines de produits chimiques? Je n'en vois aucune. Peut-être les ouvriers sont-ils moins nombreux, peut-être quelques-uns ont-ils un travail moins lourd? Mais il y a toujours ce que j'appelle une énormité, c'est-à-dire ces douze heures de jour ou de nuit, les 24 heures parfois aux alternances.

Avons-nous constaté pour la papeterie ou les produits chimiques des objections nouvelles?

Je vous propose de voter l'inscription dans le texte des usines de produits chimiques et de la papeterie comme de la métallurgie et de la verrerie.

M. LE PRÉSIDENT. — Je demande à faire une observation. Il n'est pas douteux que la proposition dont il s'agit soulève des inquiétudes et des difficultés. Il n'est pas douteux non plus, M. Fagnot le faisait remarquer tout à l'heure, que nous prenons une initiative en dehors des réunions de Zurich et de Londres en proposant d'ajouter à la métallurgie et à la verrerie deux groupes d'industries nouvelles, les produits chimiques et la papeterie. Je me demande alors si, pour concilier ce qu'il y avait dans la pensée de notre rapporteur, je ne dis pas d'hésitation, mais de réserve, en ce qui concerne ces deux classes d'industries, on ne pourrait pas adopter une formule comme celle-ci. Le paragraphe B dit :

« Est d'avis que la réglementation projetée peut comprendre... la métallurgie, la verrerie, les produits chi-chimques et la papeterie ».

C'est-à-dire que l'on met sur le même plan les quatre groupes. Ne pensez-vous pas que l'on pourrait dire :

« Est d'avis que la réglementation projetée peut comprendre la métallurgie et la verrerie, et qu'il y a lieu de soumettre à l'enquête projetée les produits chimiques et la papeterie ».

Dans la salle. — C'est parfait.

M. le Président. — Qu'en dit le rapporteur ?

M. Fagnot. — Que voulez-vous qu'il dise contre le Président ?

M. le Président. — Le Président n'est ici qu'un membre qui fait une proposition. Je ne voudrais pas, en allant trop loin, que nous compromettions ce qui paraît le plus facile à mener à bien.

M. Fagnot. — D'après les discussions que nous avons eues à l'étranger, on peut dire qu'il s'agit surtout de déterminer un courant d'opinion en faveur des trois postes dans toutes les industries à marche continue. Quant à la réalisation immédiate du projet, certains pays, comme l'Allemagne, ont visé seulement le fer et l'acier. Nous disons, nous, quand vous aurez appliqué le nouveau régime au fer et à l'acier, il est évident que les autres industries devront suivre. C'est pourquoi nous avons proposé d'abord la verrerie, puis les produits chimiques et la papeterie. D'ailleurs, quelle que soit la décision qui prévaudra finalement, lorsque les trois postes ne seront plus, comme aujourd'hui, un régime d'exception, lorsqu'une convention internationale aura prescrit ce régime dans une ou deux industries principales, nous sommes persuadé que, dans les autres industries, il se trouvera d'abord des patrons de bonne volonté qui appliqueront ce régime de leur plein gré et qu'ensuite les autres patrons y seront peut-être un peu aidés par une pression de leurs ouvriers.

M. JAY. — Ce qu'il faudrait, c'est bien montrer que, sur un point, en ce qui concerne la métallurgie du fer et de l'acier, la verrerie, vous suivez l'opinion de Londres et de Zurich, et que, sur un autre, produits chimiques et papeterie, vous la devancez. Mais dites bien que vous maintenez votre opinion et voulez mettre les quatre catégories sur le même pied.

M. LE PRÉSIDENT. — Voici le texte qui résulte de la proposition de M. Jay et de la mienne :

« Est d'avis que la réglementation projetée peut comprendre, sous réserve des transitions nécessaires, la métallurgie du fer et de l'acier et la verrerie, et que là même question se pose dès maintenant pour les produits chimiques et la papeterie. »

M. JAY. — Cette formule me paraît peut-être insuffisante. On pourrait mettre que « la question se pose de la même façon. »

M. PICQUENARD. — Poser la question, ce n'est pas la résoudre.

M. JAY. — Elle n'est pas résolue non plus pour les autres branches.

M. LE PRÉSIDENT. — Si, si vous dites que la réglementation peut comprendre la métallurgie et la verrerie.

M. LHEUR. — Je ferai remarquer qu'en ce qui concerne les produits chimiques et au point de vue de la question spéciale qui nous intéresse, les étrangers sont plus à l'aise que les Français.

M. LE PRÉSIDENT. — Il n'y a pas d'opposition en ce qui concerne la première partie, métallurgie et verrerie. Voulez-vous que l'on ajoute que la réglementation *pourrait comprendre les produits chimiques et la papeterie ?*

Adopté.

M. FAGNOT. — Nous pourrions peut-être achever l'examen du projet aujourd'hui même. Il reste à discuter deux vœux moins importants que les premiers. L'un stipule que le régime des trois postes ne doit s'appliquer que dans le cas où la durée du travail de chaque équipe dépasse habituellement 10 heures sur 24. L'autre fixe les limites légales des divers modes d'organisation des équipes : 56 heures de travail en moyenne pour chaque ouvrier et par semaine de sept jours, 168 heures au maximum par période de 21 jours, 12 heures au plus de travail en 24 heures, etc. Au cours de cette discussion, les raisons et les conséquences de ces diverses mesures ont été indiquées sans soulever aucune objection. Dès lors, si personne n'a l'intention de prendre la parole sur ces vœux, on pourrait immédiatement les soumettre à l'approbation de l'assemblée.

M. LE PRÉSIDENT. — Voici le texte des deux vœux :

« C. — *Estime qu'il s'agit d'une réglementation spéciale qui ne doit être appliquée, dans ces quatre industries, qu'aux seuls établissements ou fractions d'établissements :*

a) dans lesquels la durée quotidienne du travail de chaque équipe dépasse habituellement 10 heures sur 24 ;

b) ou dans lesquels les équipes sont tenues de faire plus de six fois 10 heures de travail en sept jours,

D. — *Emet le vœu que cette réglementation spéciale assure à chaque ouvrier des équipes le régime suivant :*

1° 56 heures en moyenne de travail (présence obligée à l'usine) par semaine de sept jours ;

2° 168 heures au maximum de travail par période quelconque de 21 jours consécutifs ;

3° 12 heures au maximum de travail sur 24 heures, notamment le jour de l'alternance des équipes ;

4° 8 heures au moins de repos ininterrompu entre deux postes successifs de travail ;

5° 24 heures au moins de repos hebdomadaire, ce repos devant porter sur tout ou partie du dimanche, une fois au moins dans toute période quelconque de 21 jours consécutifs. »

M. LE PRÉSIDENT. — Il n'y a pas d'observation sur ces deux vœux ?

Je les mets aux voix.

Les vœux proposés sont adoptés.

TEXTE DES VŒUX ADOPTÉS

L'*Association nationale française pour la protection légale des travailleurs*,

Tout en réservant son opinion sur l'époque où il pourrait être opportun, après enquête officielle sur ce point, d'appeler une conférence internationale à délibérer sur l'introduction des trois postes de 8 heures dans les usines à marche continue,

A. — Approuve, conformément aux résolutions prises par la Commission internationale de Londres et par l'Assemblée générale de Zurich, la réglementation, par une convention internationale, du travail des hommes adultes occupés par équipes de jour et de nuit dans les usines à marche continue,

B. — Est d'avis que la réglementation projetée peut comprendre, sous réserve des transitions nécessaires, la métallurgie du fer et de l'acier et la verrerie, et qu'elle pourrait également comprendre les produits chimiques et la papeterie,

C — Estime qu'il s'agit d'une réglementation spéciale qui ne doit être appliquée, dans ces quatre industries, qu'aux seuls établissements ou fractions d'établissements :

a) dans lesquels la durée quotidienne du travail de chaque équipe dépasse habituellement 10 heures sur 24 ;

b) ou dans lesquels les équipes sont tenues de faire plus de six fois 10 heures de travail en sept jours,

D. — Emet le vœu que cette réglementation spéciale assure à chaque ouvrier des équipes le régime suivant :

1° 56 heures, en moyenne, de travail (présence obligée à l'usine) par semaine de sept jours ;

2° 168 *heures, au maximum, de travail par période quelconque de 21 jours consécutifs ;*

3° *12 heures, au maximum, de travail sur 24 heures, notamment le jour de l'alternance des équipes ;*

4° *8 heures, au moins, de repos ininterrompu entre deux postes successifs de travail ;*

5° *24 heures, au moins, de repos hebdomadaire, ce repos devant porter sur tout ou partie du dimanche, une fois au moins dans toute période quelconque de 21 jours consécutifs.*

⸺◦◆◦⸺

ANNEXE

Texte des résolutions adoptées par l'Assemblée générale de Zurich

(SEPTEMBRE 1912)

I. — S'appuyant sur les résolutions de l'Assemblée de Lugano et sur les faits présentés à la Commission de Londres, l'Assemblée des délégués est d'avis que le système des équipes de huit heures dans les industries à marche continue (travaillant jour et nuit) est le meilleur et doit être vivement recommandé au double point de vue du bien-être physique et moral des ouvriers et de l'intérêt économique et social.

II. — L'Assemblée des délégués estime que les rapports présentés par les diverses sections nationales ont démontré que, dans la grande métallurgie du fer et de l'acier (hauts fourneaux, aciéries, laminoirs), la journée de huit heures est, pour les ouvriers employés par équipes au travail continu, nécessaire et pratiquement réalisable.

Elle prie le Bureau de l'Association d'adresser au Gouvernement fédéral suisse la prière de convoquer le plus tôt possible une conférence des gouvernements intéressés en vue d'arriver à l'introduction de la journée de huit heures pour lesdits ouvriers.

III. — L'Assemblée des délégués est d'avis, en ce qui concerne les verreries, que les études sont suffisamment avancées pour au moins demander une convention internationale sur la base de 56 heures de travail en moyenne par semaine, avec un repos hebdomadaire de 24 heures ininterrompues.

Elle charge le Bureau de choisir à cet effet le moment le plus favorable.

IV. — L'Assemblée des délégués est d'avis, en ce qui concerne les autres industries, que les sections nationales préparent par des études l'application de la journée de huit heures ou d'une semaine correspondante à déterminer.

a) Dans les industries à marche continue, soit lorsque la journée de travail (présence obligée à l'usine) dépasse dix heures par 24 heures, soit lorsque les équipes font plus de six journées de travail par semaine.

b) Et aussi dans les industries, comme celle de la pâte du bois, du papier, comme les industries chimiques, dans lesquelles, dans plusieurs pays, les conditions seraient mûres pour le système des trois équipes.

Sténographié par « COMMERCIA », sur machine à sténographier « GRANDJEAN » — Bourse du Commerce, rue du Louvre — PARIS.

TABLE DES MATIÈRES

DISCUSSION

TABLE MÉTHODIQUE

DES

Publications de l'Association Nationale Française pour la Protection Légale des Travailleurs

EN VENTE CHEZ F. ALCAN, éditeur, 108, boulevard Saint-Germain
et Marcel RIVIÈRE, 31, rue Jacob

QUESTIONS GÉNÉRALES

L'Association Internationale pour la protection légale des travailleurs et sa section française, par M. André LICHTENBERGER.

De la sanction par l'autorité publique des accords entre chefs d'entreprises commerciales et industrielles pour l'amélioration des conditions du travail, par MM. A. ARTAUD, membre du Conseil supérieur du Travail; Maurice DESLANDRES, professeur à la Faculté de droit de l'Université de Dijon; Justin GODART, député, 1912. — Une brochure, 80 p., in-16 (*Septième série, n° 3*). — 1 fr.

PROTECTION LÉGALE DES EMPLOYÉS

La protection légale de l'employé et la réglementation du travail des magasins, par M. A ARTAUD, membre du Conseil supérieur du Travail, 1903. — Une brochure, 35 p., in-16 (*Première série, n° 5*). — 0 fr. 60.

La réglementation légale de la durée du travail des employés, par M. Edgard DEFITRE, professeur à la Faculté de droit de l'Université de Lille, 1911. — Une brochure, in-16 (*Publications de la section du Nord. Sixième série bis*). — 1 fr. 50.

Cf. QUESTIONS GÉNÉRALES (*Accords entre chefs d'entreprises*).

INDUSTRIE A DOMICILE

La réglementation du travail en chambre, par M. F. FAGNOT, enquêteur à l'Office du Travail, 1901. — Une brochure, 60 p., in-16 (*Première série, n° 7*). — 0 fr. 60

Le minimum de salaire dans l'industrie à domicile, par MM. B. RAYNAUD, professeur à la Faculté de droit de l'Université d'Aix-en-Provence; comte A. de MUN, député; abbé MÉNY, 1912. — Un volume, 316 p., in-16 (*Septième série, n° 1*). — 2 fr. 50.

Le travail à domicile en France, par MM. Paul PIC et A. AMIEUX, 1906 (*Rapport à l'Assemblée générale de Genève*). — 0 fr. 30.

Cf. AUXILIAIRES DE L'INSPECTION (*Ligue sociale d'acheteurs*).

RÉGLEMENTATION DU TRAVAIL DANS LES MARCHÉS DE TRAVAUX PUBLICS

L'application dans la région du Nord et la revision des décrets sur les conditions du travail dans les marchés des administrations publiques, par MM. BARGERON, inspecteur du travail, et MASSON, président du Syndicat des typographes de Lille, 1908. — Une brochure, 90 p., in-16 (Publications de la section du Nord. *Cinquième série bis, n° 2*). — 1 franc.

LÉGISLATION DU TRAVAIL AUX COLONIES

La protection des travailleurs indigènes aux colonies, par M. RENÉ PINON, 1903. — Une brochure, 30 p., in-16 (*Première série, n° 8*). — 0 fr. 60.

TRAVAIL DES ENFANTS

L'âge d'admission des enfants au travail industriel. — Le travail de demi-temps, par M. Et. MARTIN-SAINT-LÉON, bibliothécaire du Musée social, 1903. — Une brochure, 43 p., in-16 (*Première série, n° 3*). — 0 fr. 60.

L'emploi des enfants dans les théâtres et cafés-concerts, par M. RAOUL JAY, professeur à la Faculté de droit de l'Université de Paris, 1904. — Une brochure, 17 p., in-16 (*Première série, n° 9*). — 0 fr. 60.

La protection légale des enfants occupés hors de l'industrie. — I. La loi anglaise, par M. EDOUARD DOLLÉANS, 1906. — Une brochure, 68 p., in-16 (*Troisième série, n° 4*). — 0 fr. 60.

La protection légale des enfants employés hors de l'industrie. — II. La loi allemande, par M. HENRY MOYSSET, 1906. — Une brochure, 60 p., in-16 (*Troisième série, n° 5*) — 0 fr. 60.

La protection légale des enfants occupés hors de l'industrie — III. La situation en France, par MM G. MÉNY, PAUL GEMAEHLING, Mlle BLONDELU, MM. GEORGES PIOT, RAOUL JAY, LÉON VIGNOLS, 1906. — Une brochure, 103 p. in-16 (*Troisième série, n° 6*). — 0 fr. 60.

Le travail de nuit des adolescents dans l'industrie française, par M. Et. MARTIN SAINT-LÉON, bibliothécaire du Musée social, 1906. — Une brochure, 55 p., in-16 (*Rapport présenté à l'Assemblée générale de Genève*). — 0 fr. 60.

Le travail de nuit des enfants dans les usines à feu continu, par M. F. FAGNOT, enquêteur à l'Office du Travail, 1908. — Une brochure, 56 p., in-16 (*Rapport présenté à l'Assemblée générale de Lucerne*). — 0 fr. 60.

Le travail industriel des enfants, par M. GEORGES ALFASSA, 1908. — Une brochure, 37 p., in-16 (*Rapport présenté à l'Assemblée générale de Lucerne*). — 0 fr. 60.

Le travail de nuit des enfants dans les usines à feu continu, par M. LÉVÊQUE, inspecteur du travail, 1909. — Une brochure, 48 p., in-16 (Publications de la section du Nord. *Sixième série bis, n° 2.*) — 0 fr. 60.

Le travail de nuit des enfants dans les usines à feu continu, par M. l'abbé LEMIRE, député, 1910. — Une brochure, 54 p., in-16 (*Sixième série, n° 4*). — 1 franc.

La réduction du nombre des enfants employés la nuit dans les verreries, par M. LÉVÊQUE, inspecteur du travail, 1911. — (Publications de la section du Nord. *Sixième série bis, n° 2*). — 1 fr. 60.

TRAVAIL DES FEMMES

La protection légale des femmes avant et après l'accouchement, par M. le docteur FAUQUET, 1903. — Une brochure, 29 p., in-16 (*Première série, n° 1*). — 0 fr. 60.

La Conférence officielle de Berne (*Travail de nuit des femmes*), par M. A. MILLERAND, député, 1905. — Une brochure, 20 p., in-16 (*Troisième série n° 2*). — 0 fr. 60.

De l'extension de la loi du 29 décembre 1900 aux femmes employées dans l'industrie, par Mme DE LA RUELLE, inspectrice du travail, 1906. — Une brochure, 36 p., in-16 (*Troisième série, n° 7*). — 0 fr. 60.

La protection de la maternité ouvrière, par MM. PAUL STRAUSS, sénateur, et LOUIS MARIN, député, 1912. — Une brochure, 100 p., in-16 (*Septième série, n° 2*). — 1 franc.

Cf. — INDUSTRIE A DOMICILE.

DURÉE DU TRAVAIL

La réglementation hebdomadaire de la durée du travail. — Le repos du samedi, par MM. IVAN STROHL, industriel, et F. FAGNOT, enquêteur à l'Office du Travail, 1903. — Une brochure, 39 p., in-16 (*Première série, n° 2*). — 0 fr. 60.

La réglementation de la durée du travail dans les mines, par M. l'abbé LEMIRE, député, 1904. — Une brochure, 44 p., in-16° (*Première série, n° 6*). — 0 fr. 60.

La durée légale du travail. — Des modifications à apporter à la loi de 1900, par MM. FAGNOT, enquêteur à l'Office du Travail ; MILLERAND, député, et STROHL, industriel, 1905. — Un volume, 300 p., in-16 (*Deuxième série*). — 2 fr. 50.

Le contrôle de la durée du travail, par M. GEORGES ALFASSA, 1905. — Une brochure, 59 p., in-16 (*Troisième série, n° 3*). — 0 fr. 60.

La limitation de la journée légale de travail en France, par M. RAOUL JAY, professeur à la Faculté de droit de l'Université de Paris, 1906. — Une brochure, 92 p., in-16 (*Rapport à l'Assemblée générale de Genève*). — 0 fr. 60.

L'organisation du travail dans les usines [à feu continu, par M. P. BOULIN, inspecteur divisionnaire du travail, 1912. Une brochure, 48 p., in-16° (*Rapport présenté à l'Assemblée générale de Zurich*). — **1 fr.**

La réglementation du travail dans les usines à marche continue, par M. F. FAGNOT, enquêteur à l'Office du Travail, 1913 (*Nouvelle série, n° 1*). — **1 fr. 50.**

Cf. PROTECTION LÉGALE DES EMPLOYÉS.

TRAVAIL DE NUIT

Le travail de nuit dans les boulangeries, par M. JUSTIN GODART, député, 1910. — Une brochure, 47 p., in-16 (*Sixième série, n° 3*). — **0 fr. 60.**

Cf. — TRAVAIL DES ENFANTS (*Usines à feu continu*). — TRAVAIL DES FEMMES (*Conférence de Berne*).

HYGIÈNE ET SÉCURITÉ DES TRAVAILLEURS

L'interdiction de la céruse dans l'industrie de la peinture, par M. J. L. BRETON, député, 1905. — Une brochure, 50 p., in-16 (*Troisième série, n° 1*). — **0 fr. 60.**

La conférence officielle de Berne (*emploi du phosphore blanc*), par M. A. MILLERAND, député, 1905. — Une brochure, 20 p., in-16 (*Troisième série, n° 2*). — **0 fr. 60.**

Les poisons industriels, par M. GEORGES ALFASSA, ingénieur E. C. P. 1906. — Une brochure, 34 p., in-16 (*Rapport à l'Assemblée générale de Genève*). — **0 fr. 60.**

La réforme de la procédure de la mise en demeure, organisée par la loi du 12 juin 1893 – 11 juillet 1903, sur l'hygiène et la sécurité des travailleurs, par M. E. BRIAT, membre du Conseil supérieur du Travail, 1910. — Un volume, 150 p., in-16 (*Sixième série, n° 2*). — **2 fr. 50.**

Les maladies professionnelles, par M. J.-L. BRETON, député, 1911. — Une brochure, 104 p., in-16 (*Sixième série, n° 5*). — **1 fr.**

Cf. TRAVAIL DES FEMMES (*Maternité*).

ACCIDENTS DU TRAVAIL

L'Assurance ouvrière et les ouvriers étrangers, par M. HENRI BARRAULT, 1906. — Une brochure, 10 p., in-16 (*Rapport à l'Assemblée générale de Genève*). — **0 fr. 10.**

La réalisation de l'égalité entre nationaux et étrangers, au point de vue de l'indemnisation des accidents du travail par voie de convention internationale par M. A. BOISSARD, 1908. — Une brochure, 10 p., in-16 (*Rapport à l'Assemblée générale de Lucerne*). — **0 fr. 10.**

Les accidents du travail dans l'agriculture, par M. HENRI CAPITANT, professeur à la Faculté de droit de l'Université de Paris, 1909. — Un volume, 142 p., in-16 (*Cinquième série, n° 6*). — **1 fr. 75.**

La prévention des accidents sur les voies ferrées des usines, par M. LÉVÊQUE, inspecteur du travail, 1909. — Une brochure, 33 p., in-16 (*Publication de la section du Nord. Cinquième série bis, n° 4*). — **0 fr. 60.**

PROTECTION DU SALAIRE

La loi du 7 mars 1850 et le mesurage du travail à la tâche, par M. A. BOISSARD, 1908. — (*Cinquième série, n° 2*). — 0 fr. 60.

Cf. — INDUSTRIE A DOMICILE (*Minimum de salaire*).

CONTRAT DE TRAVAIL

Le contrat de travail (*Examen du projet de loi du gouvernement sur le contrat individuel et la convention collective*, par MM. PERREAU, professeur à la Faculté de droit de l'Université de Paris, et F. FAGNOT, enquêteur à l'Office du Travail, 1907. — Un volume, 218 p., in-16 (*Quatrième série*). — 3 fr. 50.

Le contrat de travail et le Code civil (*Examen des textes que la Commission du Travail de la Chambre des députés propose d'introduire dans le Code civil*), par MM. PERREAU, professeur à la Faculté de droit de l'Université de Paris, et GROUSSIER, député, 1908. — Un volume, 261 p., in-16 (*Cinquième série, n° 3*). — 3 fr. 50.

CONFLITS DU TRAVAIL

La grève et l'organisation ouvrière, par M. A. MILLERAND, député, 1906. — Une brochure, 48 p., in-16 (*Troisième série, n° 8*). — 0 fr. 60.

La conciliation dans les conflits collectifs et les travaux de la section du Nord de l'Association, par M. AFTALION, professeur à la Faculté de droit de l'Université de Lille, 1908. — Une brochure, 168 p., in-16 (*Cinquième série, n° 1*). — 0 fr. 60.

Le règlement amiable des conflits du travail, par MM. AFTALION, professeur à la Faculté de droit de l'Université de Lille; ARQUEMBOURG, ingénieur des arts et manufactures, et FAGNOT, enquêteur à l'Office du Travail, 1911. — Un volume 249 p., in-16 (*Sixième série, n° 7*). — 2 fr. 50.

CHOMAGE

Les caisses de chômage, par M. DE LAUWEYRENS DE ROOSENDAELE, 1907. — (*Publications de la section du Nord. Cinquième série bis, n° 1*). — 1 fr.

La lutte contre le chômage dans le Nord, par M. DE LAUWEYRENS DE ROOSENDAELE, 1910. — Une brochure, 50 p., in-16. — (*Publications de la section du Nord. Cinquième série bis, n° 5*). — 1 franc.

Les problèmes du chômage, par MM. F. FAGNOT, enquêteur à l'Office du Travail; MAX LAZARD, Docteur en droit, et LOUIS VARLEZ, Président de la Bourse du Travail et du Fonds de Chômage de Gand, 1910. — Un volume, 215 p., in-16 (*Sixième série, n° 1*). — 2 fr. 50.

PLACEMENT

Le placement et sa réorganisation, par MM. DODANTHUM et DE LAUWEREYNS DE ROOSENDAELE, 1912. — Une brochure, 79 p., in-16. (*Publications de la section du Nord. Sixième série bis, n° 3*). — 1 fr. 50.

CONSEILS DE PRUD'HOMMES

Les demandes reconventionnelles devant le Conseil des prud'-hommes, par M. E. BRIAT, membre du Conseil supérieur du Travail, 1911. — Une brochure, 51 p., in-16 (*Sixième séri , n° 6*). — 1 franc.

INSPECTION DU TRAVAIL

La réforme de l'Inspection du travail en France, par M. Eugène PETIT, avocat à la Cour d'Appel de Paris, 1909. — Un volume, 298 p., in-16 (*Cinquième série, n° 4*). — **3 fr. 50.**

Cf. Durée du travail (*Contrôle*); Hygiène et sécurité (*Mise en demeure*).

AUXILIAIRES DE L'INSPECTION DU TRAVAIL

La Ligue sociale d'acheteurs, par Mme Jean BRUNHES, 1903. — Une brochure, 36 p., in-16 (*Première série, n° 4*). — **0 fr. 60.**

Le droit de citation directe pour les associations, par M. Henri HAYEM, 1904. — Une brochure, 21 p., in-16 (*Première série, n° 10*). — **0 fr. 60.**

Collaboration des ouvriers organisés à l'œuvre de l'Inspection du travail, par M. Henri LORIN, 1909. — Un volume, 174 p., in-16 (*Cinquième série, n° 5*). — **1 fr. 75.**

PUBLICATIONS

DE

l'Association Internationale pour la Protection Légale des Travailleurs

PUBLIÉ PAR LE BUREAU DE L'ASSOCIATION INTERNATIONALE
POUR LA PROTECTION LÉGALE DES TRAVAILLEURS

Président : Henri SCHERRER, conseiller d'Etat, à Saint-Gall ; *Vice-Président* : Adrien LACHENAL, ancien conseiller fédéral ; *Secrétaire général* : Stéphan BAUER, professeur à l'Université de Bâle.

N° 1. — L'Association internationale pour la Protection légale des Travailleurs. — Assemblée constitutive tenue à Bâle les 27 et 28 septembre 1901. — Rapports et compte rendu des séances. — 1 vol. 270 p. PRIX : 5 fr.

N° 2. — Compte rendu de la 2ᵉ assemblée générale du Comité de l'Association internationale pour la Protection légale des Travailleurs, tenue à Cologne les 26 et 27 septembre 1902, suivi de rapports annuels de l'Association internationale et de l'Office international du Travail. 1903. — 1 vol., 82 p. PRIX : 2 fr.

N° 3. — Compte rendu de la 3ᵉ assemblée générale du Comité de l'Association internationale pour la Protection légale des Travailleurs, tenue à Bâle les 26, 27 et 28 septembre 1904, suivi de rapports annuels de l'Association internationale et de l'Office international du Travail. 905. — 1 vol., 176 p. PRIX : 4 fr.

N° 4. — Deux mémoires présentés aux Gouvernements des Etats industriels en vue de la convocation d'une Conférence internationale de protection ouvrière. — I. Mémoire explicatif sur les bases d'une interdiction internationale du travail de nuit des femmes. — II. Mémoire explicatif sur l'interdiction de l'emploi du phosphore blanc dans l'industrie des allumettes. 1905. — 1 vol., 49 p. Prix : 2 fr. 50.

N° 5. — Compte rendu de la 4° assemblée générale du Comité de l'Association internationale pour la Protection légale des Travailleurs, tenue à Genève les 26, 27, 28 et 29 septembre 1906, suivi des rapports annuels de l'Association internationale et de l'Office international du Travail. 1907. — 1 vol., 163 p. Prix : 4 fr.

N° 6. — Compte rendu de la 5° assemblée générale du Comité de l'Association internationale pour la Protection légale des Travailleurs, tenue à Lucerne les 28, 29 et 30 septembre 1908, suivi des rapports annuels de l'Association internationale et de l'Office international du Travail. 1909. — 1 vol., 216 p. Prix : 5 fr.

N° 7. — Compte rendu de la 6° assemblée générale du Comité de l'Association internationale pour la Protection légale des Travailleurs, tenue à Lugano les 26, 27 et 28 septembre 1910, suivi des rapports annuels de l'Association internationale et de l'Office international du Travail. 1910. — 1 vol., 193 p. Prix : 5 fr.

Les Industries insalubres. — Rapport sur leurs dangers et les moyens de les prévenir, particulièrement dans l'industrie des allumettes et celles qui fabriquent ou emploient des couleurs de plomb. Publié au nom de l'Association internationale et précédé d'une préface par St. Bauer, professeur à l'Université de Bâle, directeur de l'Office international du Travail. 1903. — 1 vol., 460 p. Prix : 7 fr. 50.

Le Travail de nuit des femmes dans l'industrie. — Rapports sur son importance et sa réglementation légale. Publiés au nom de l'Association internationale et précédés d'une préface par St. Bauer, professeur à l'Université de Bâle, directeur de l'Office international du Travail. 1903. — 1 vol., 384 p. Prix : 6 fr.

Rapport comparatif sur l'application des lois ouvrières. — Publié par l'Office international du Travail à Bâle. Tome 1. L'Inspection du Travail en Europe. 1910.

OUVRAGES NON MIS EN VENTE :

Association pour la Protection légale des Travailleurs. Concours international pour la lutte contre le saturnisme.

Les Fonderies de plomb, par M. BOULIN, inspecteur divisionnaire du Travail à Lille. Ouvrage couronné.

(Extrait du Bulletin de l'Inspection du Travail, 1906, n°s 5 et 6).

Le Saturnisme dans la typographie, par M. DUCROT, ancien élève de l'Ecole polytechnique. Ouvrage couronné.

(Extrait du Bulletin de l'Inspection du Travail, 1906, n°s 5 et 6).

L'Association internationale pour la Protection légale des Travailleurs et l'Office international du Travail, 1901-1910. — Origines. — Organisations. — Œuvre réalisée. — Documents. — Rapport présenté au Congrès mondial des associations internationales (Bruxelles, mai 1910), par S. BAUER, secrétaire général de l'Association internationale pour la Protection légale des Travailleurs, directeur de l'Office international du Travail, professeur à l'Université de Bâle. Bruxelles 1910 *(épuisé)*.

ORLÉANS. — IMP. AUGUSTE GOUT & Cⁱᵉ